미르의 공장 일지

김경민 지음

숨쉬는
책공장

미르의 공장 일지

ⓒ 김경민, 2023

발행일 초판 1쇄 2023년 6월 5일

지은이 김경민

편집 윤현아, 김유민

디자인 이진미

펴낸이 김경미

펴낸곳 숨쉬는책공장

등록번호 제2018-000085호

주소 서울시 은평구 갈현로25길 5-10 A동 201호.(03324)

전화 070-8833-3170 **팩스** 02-3144-3109

전자우편 sumbook2014@gmail.com

홈페이지 https://soombook.modoo.at

페이스북 /soombook2014 **트위터** @soombook **인스타그램** @soombook2014

값 15,500원 | ISBN 979-11-86452-93-6

미르의 공장 일지

김정민 지음

차례

미르의 공장 '직전' 일지

급하게 연락이 왔다. 내일 당장 출근할 수 있냐는 내용으로, 일식집에서 같이 일했던 알바 노동자가 전화를 걸어온 것이다. 그는 이미 아는 친구의 소개로 공장에 먼저 들어간 상태고, 세 번 정도 출근을 했단다. 나는 공장 일자리를 찾으려 했지만 여성이 할 수 있는 자리는 이미 다 차 있어서 다섯 군데 정도에서 거절당한 상황이었다. 연락을 했던 다섯 번째 공장에 다시 전화해 물어보니 여름휴가는 지나야 자리가 날 것 같다기에 그냥 일식집 쇠고랑을 여름 내내 차야 하나 싶었다. 당분간 일식집에서 일하며 그동안 여기저기 아팠던 곳을 치료해야겠다고 계획했다. 한의원에 가서 침도 맞고 부항도 뜨고 물리치료도 받았다. 어깨, 허리, 발목의 통증, 그리고 계속된 두통……. 그러던 중에 라인에 사람이 비었는데 출근할 수 있냐는 연락을 급작스레 받았다. 당연히 좋다고 답했고, 연락을 받은 바로 이튿날 아침 이력서와 사진 2장, 등본 1장을 챙겨 공장 정문으로 갔다.

두근거리는 마음으로 엄청 큰 공장 앞에서 기다리는데, '유해물질 취급하는 곳'이라는 팻말이 보여 조금 겁이 났다. 어쨌든 면접을 보기 위해 협력업체 면접 사무실에 들어갔다. 그곳에는 책상과

의자, 그리고 무기력하게 소파에 목을 젖히고 있는 아저씨가 있었다. 전날 공장 면접 보러 간다고 하자 사람들이 '씩씩하게' 대답만 잘하면 된다고 걱정 말라고 했는데, 막상 다소 삭막한 분위기에서 업체 과장을 만나니 괜히 어깨가 작아졌다. 과장은 내 이력서를 보더니 좋지 않은 표정으로 '공장 일은 해본 적 없어요?'라고 물었다. 해본 적은 없지만, 장기적으로 일하고 싶다고 답했다. 열심히 하겠다는 둥 꼭 일하고 싶다는 둥 좀 더 적극적인 이야기는 하지 못했다. 과장은 면접을 끝낸 후 바로 건강검진을 받으러 가고 통근버스 시간과 정류장이 적힌 표도 찍어 가라고 했다. 공장에서 나와 택시를 타고 알바하러 가는데, 아무래도 찝찝했다. 건강검진을 받으러 가면 좋겠지만 나는 알바하러 가야 하는 상황인데다 알바를 하면 오전이 다 지나 버리니 고민이 들었다. 공장에서 바로 일하려면 건강검진을 받는 쪽이 나을 것 같아 일식집에 갔다가 급하게 볼일이 생겼다고 말하고 바로 나왔다. 병원으로 가는 버스를 탔다.

그사이 날이 개었다. 버스에서 내려 햇살 때문인지, 공장 일에 대한 걱정 때문인지 인상을 쓰면서 병원까지 걸어갔다. 5층으로 가서 업체명을 이야기하고 문진표를 작성하는데 기분이 착잡했다. 솔직하게 말할 수 없었기 때문이다. 건강이 아닌 취업을 위함이었기에 '머리가 아프냐, 허리는 괜찮냐, 잠은 잘 자냐' 등과 같은 질문에 '아무 이상 없음'으로 체크했다. 시력검사나 청력검사를 할 때 혹여나 이상이 있어 불합격될까 봐 정말 걱정했다. 다행히 아무 일 없을 거라며 걱정 말라는 의사의 말을 들은 다음에야 마음을 절반은 놓았다. 완전히 합격하기 전에는 마음을 놓을 수 없다. 면접 때 과장이 한 번 생각해보겠다는 말에 심장이 왔다 갔다 했기 때문이다. 나야…… 혼자 먹고살 만큼 벌려면 알바로는 부족해서 공장 일을 구한다지만 가족들의 생계가 걸려 있는 사람이 그런 이야기를 들었다면 적어도 네다섯 명의 목숨줄이 흔들리는 것이니 얼마나 걱정이 컸을까 싶었다. 많은 자유가 있다는 이 세상에서 아주 기본적인, 먹고사는 일조차 제대로 보장되지 않으면 뭘 할 수 있을까. 저녁에 언제부터 일하게 되는지 물어보는 내 문자에 기다리라는 과장의 답장을 받았다. 그날의 긴긴 밤은 꼭 내 마음과 같았다. 별도 보이지 않는 날이었다. 그래도 용기 낸 것에 만족하며 하루를 마무리하며 푹 쉬기로 했다. 내일은 알바를 가야 하니까. 하루 벌어 하루 먹고사는 불안정 노동을 하는 대다수 중 한 사람이 바로 나니까.

쇠사슬을 바꾸다!

공장에 출근하다

무미건조한 문장이지만, 사실이 딱 그렇다. 출근 전날 알바가 끝나기 15분쯤 전에 업체 과장이 보낸 문자를 확인했다. 화장실에서. 문자를 보자마자 바로 이모한테 이야기했다. 오늘까지만 일하고 내일부터는 못할 것 같다고. 아니나 다를까 '장꾹 또라이'가 이유를 묻더니 "네가 그렇게 좋아하는 법에 따르면 최소 일주일이나 한 달 전에 말을 해줘야 하지 않냐."고 비꼬면서 시비를 걸어왔다. 죄송하다고 말했지만 사실 전혀 죄송하지 않았다. 불법과 편법을 저지른 건 그들이 먼저였기 때문이다. 그러고는 법 이야기를 꺼낸 적도 없는 내게 법 운운한다. 웃긴다. 아무튼 이러쿵저러쿵 말 많던 일식집 알바가 끝났다. 내일은 새로운 쇠사슬로 바꿔 끼울 것이다. 세탁기를 만드는 공장인데, 물량이 늘 많다고 한다. 그래서 사람도 많이 필요하단다. 출근하라는 그 문장이 반갑기도, 설레기도, 두렵기도, 덤덤하기도 하면서 별별 생각이 다 들었다.

통근버스를 타러 갈 때

회사 통근버스가 서는 곳이 우리 집에서 버스정류장 간 간격 하나 정도 거리다. 혹시나 하는 마음에 조금 일찍 집을 나섰다. 그런데 가는 길에 '동0테크'라고 적힌 버스가 휙 하고 지나가는 게 아닌가. 물론 사람들이 버스가 5~10분 정도 빨리 도착할 수 있으니 미리 가 있으라고 했지만 이렇게 일찍 가버려도 되는 건가! 택시를 타야 하나 싶어 공장을 소개해준, 친구한테 전화했다. 호들갑이란 호들갑을 다 떨었는데 그 친구가 차분하게 버스 도착 시간까지 기다려보라고 했다. 다른 사람들도 그곳에서 탈 테니 물어보면 되겠지 싶어 일단 기다리기로 했다. 다른 버스가 왔다. 혼자 호들갑 떤 게 민망했지만 무사히 탈 수 있어서 다행이었다. 서툴고 낯설고 처음인 티를 팍팍 내면서 공장에 가는 버스로 한 발을 올렸다. 많은 사람이 모여서 자신의 생계를 해결하고 세상에 필요한 물건들을 만드는 그곳으로!

계약서

업체 사무실까지는 공장을 소개해준 친구가 데려다줬다. 면접관이었던 과장님을 만나 사장님, 업체 경리 담당자와 인사했다. 업체 사무실이 복도에 다닥다닥 붙어 있었다. 이 큰 공장에서 수많은 공정을 거쳐 생산품들이 나오는데 그 모든 것이 여러 업체를 통해 이뤄진다니……. 소름이 조금 돋았다. 안전교육을 듣고 계약서를 쓴다고 했는데, 경리 담당자가 이미 종이 뭉치를 가지고 왔다. 신상 정보를 적는 종이와 근로계약서, 그리고 서약서와 퇴사서도 있었다. 뻔한 것들이었다. 특근이나 잔업이 동의 없이 갑자기 진행되더라도 괜찮고, 일방적인 해고도 가능하다는 내용 등이 보였다. 퇴사서에 날짜 빼고 다 적은 후에야 서류 작성이 마무리되었다. 입사하면서 퇴사서를 쓰는 이유는 갑자기 그만둘 경우를 대비하는 것이라고 경리 담당자가 친절히 설명해주었다. 나는 엘지 공장에서 일하기로 한 건데 왜 다른 업체와 계약하지? 게다가 난 제조업 근로자인데, 제조업에는 파견이 금지되어 있지 않나? 불법이 아닌가 싶었다. 지엠 사람들의 투쟁도 생각났다. 자신들은 비정규직이 아니라 진작부터 정규직이었다고 울부짖으면서 고용을 보장해달라는 그 메아리가 머릿속을 스치고 지나갔다. 그들 역시 정규직과 동일하게 노동하면서도 많이 다른 계약서를 적었겠지……. 그때마다 기분은 어땠을까……. 먹고살아야 하니까 별다른 생각을 하지 못했을 수도 있겠다. 어쨌든 기분이 좋지 않았으리라 짐작하면서 펜을 내려놓았다.

안전교육

안전교육을 받아야 한다고 해서 교육장으로 이동했다. 교육하는 분은 주황색 옷을 입고 있었다. 교육하기 전 작성해야 하는 서류들을 살피는데 누가 봐도 난 엘지에서 일하는 사람이라고 하기 어려웠다. 아무튼 안전교육 시작. 먼저 핀란드의 전기 회사인 설저에 다니는 사람의 하루를 보여준다고 했다. 가식적이고 현실감 없는 영상이었다. 애초에 한국 공장에 핀란드 사례를 가져와 적용하는 게 잘못이라는 생각이 들었다. 영상대로 모든 게 지켜진다면 사장에게 물량을 다 채우지 못한다고 혼날 것 같았다. 한국 현실에서는 안전보다 생산을 더 중시할 수밖에 없다는 걸 모르지 않지만 저런 형식적인 교육을 받으려니 기분이 별로였다. 강조하는 건 결국 '모든 사고의 원인은 부주의이며 사고의 책임은 당사자에게 있다.'였다. 공장에서 기계들과 일하다 보면 작업자의 부주의로 발생하는 사고도 있겠지만, 아무리 조심해도 여러 구조와 상황상 사고가 생길 수 있다. 더구나 내 몸을 지키기보다 할당된 생산량을 다 채움으로써 고용 안정을 꾀하는 데 다들 더 신경 쓰지 않을까. 교육을 받는 2시간 동안 편하지만 불편하게 있다가 다시 협렵업체 사무실로 돌아왔다.

공장 안 첫인상

공장에 들어서자 눈이 휘둥그레졌다. 여기가 공장이구나! 노동자들이, 아니 사람들이 대규모로 모여서 일하고 세상에 필요한 물품과 상품을 내놓는 곳이구나!

라인을 탄 날

오늘이 라인을 탄 첫날은 아니지만, 아무튼 라인을 탔다. 앞서는 연습이어서 반장이나 원청 관리자가 늘 옆에 붙어 있었다. 40초에 12개의 나사못을 박는 일은 처음부터 잘하는 게 불가능해서 할 수 있는 만큼만 했다. 내 앞에 이모는 다 하고 잠깐 쉬기도 하던데 난 팔다리도 아프고 여유가 없었다. 그래도 2타임을 다 해냈다. 물론 실수와 부족한 것투성이였지만 말이다.

옆에 있던, 안면은 있지만 아직 통성명을 하지 않은 분홍색 티셔츠를 입은 노동자와 이야기를 나눴다. 스물여섯 살로 전문대를 졸업한 후 성실히 일해왔다고 했다. 끊임없이. 원래는 하청이 아닌 엘지에서 청소기 모터 만드는 일을 했는데, 공장이 완전 자동화가 되면서 해고당했다고 했다. 주야 맞교대로 일했는데도 월 300만 원이 채 안 되는 돈을 받았단다. 그것도 특근에 잔업까지 여러 번 했는데 말이다. 아무튼 잘렸지만 일은 계속해야 하기에 여기로 왔다고 한다. 만족하냐는 물음에 주야 맞교대를 하는 것도 아니고 분위기가 나쁘지 않아 괜찮다고 했다. 하청이지만 작은 공장이 아니고 대기업 하청인 점도 좋단다.

나에 대해서도 물었다. 무슨 학과를 나왔는지, 왜 여기서 일하는지 등……. 난 대충 할 수 있는 만큼만 대답했다. 그는 부모님께서 집에서 독립하라고 했다가, 막상 나간다고 하면 결혼해 나가라고 하신다고 했다. "그럼, 실질적으로 독립 못 한 거 아니냐"고 내가 말하자 멋쩍은 웃음만 남겼다. 그렇게 얼굴과 말을 트면서 서로 인사하며 지내기 시작했다.

'정규직에 환상을 품지 말라'는 말이 있을 정도로 정규직이 되고 싶어하는 사람이 많다. 작은 회사이고 비정규직과 임금이 크게 차이 나지 않더라도 정규직이라는 이유만으로 만족하고 안주하는 사람들이 적지 않다. 그런데 이야기를 나눠 보니 워낙 대부분의 노동환경이 열악하니까 비정규직에 만족하는 사람들도 있었다. 의외라기보다 이것이 현실이라는 생각이 들었다. 현실에서 비롯된 고민을 어디서부터 정리해가야 할까. 고민이 깊어지는, 초승달이 뜬 밤이 흘러간다.

첫 잔업, 쓴 기억

처음으로 잔업을 했다. '그래! 내일까지만 일하면 주말에 쉴 수 있어! 피로 누적이라고 했던 것도, 입안이 헌 것도 다 괜찮아질 거야! 쉬면 괜찮아!'라고 생각하며 버텼는데, 이번 주에 특근이 잡혀 있단다. 다행히 일요일은 빼고 토요일까지만 일한다고 했지만, 내일 금요일은 무척 우울할 것 같다.

　오늘은 첫날부터 했던 하이젠 작업을 했다. 소음을 제거해주는 솜 같은 것이 붙은 스티커를 탈부착하는 일인데, 본드 냄새가 좀 많이 나긴 하지만 단순 작업을 반복하는 터라 몸에 큰 무리는 없었다. 파스까지 붙이고 왔는데……. 다행이구나 싶었다. 목표 작업량은 2,100대. 이 정도면 잔업 없이 마칠 수 있는 수준인데 왜 잔업을 해야 하는지 다들 의아해했다.

　한창 일을 하고 있는데, 조장이 물량이 어느 정도 찼다며 30분 후에 중식시간이니 잠깐 쉬라고 했다. 조그만 에어컨이 한두 개 있는 곳에서 다 같이 옹기종기 모여서 쉬고 있을 때였다. 하얀 이름표를 달고 있는 사람 옆에 있던 파란 셔츠를 입은, 인상이 좋지 않은 아저씨가 얼굴을 찌푸리더니 모두 일어나라고 손짓했다. 이모님과 우리 모두 일어났다. 아저씨는 저쪽 세탁기 라인이 돌아가고 있으니 빨리 가서 일하라고 했다. 아니, 진작 대차(철판을 책 꽂듯이 꽂아서 바퀴가 달린 수레에 끌고 올라오는 것)를 올려 주던가⋯⋯. 쉬고 있는 꼴을 못 보나 보다 했다. 갑작스럽게 다시 일하고 있는데 하얀 이름표를 단 사람이 대여섯 명까지 늘어났다.

대충 주변에서 들은 이야기를 종합하면, 불량품이 생각보다 많이 나왔나 보다. 아니, 많지 않아도 원청은 난리가 나겠지. 그리고 원청은 그 잘못을 전부 하청으로 떠넘겼다. 근데 조장과 애들이 나눈 이야기 중에는 아무리 봐도 우리 잘못이 아닌 것 같다는 내용도 있었다. 원래 철제 자체에 있던 결함으로 생긴 불량품일 확률이 높지, 우리 작업에서 불량품이 나기는 어렵다는 것이다. 조장 사진을 슬쩍 보니 철판에 콩 박힌 자국이 있는 듯했다. 맨날 원청은 하청에게 잘못을 다 떠넘기나 보다. 에어컨도 제대로 달아주지 않으면서 말이다. 결국 철제 자체에 결함이 있는지 없는지 검사까지 했다.

난 원청 사람들과 관계도 없는데 그들에게 둘러싸여 일했다. 원청 사람들은 웃는 모습이 너무 가식적이다. 더구나 그들의 손짓으로 일어나고 앉는 게 결정당한다. 그들은 일한다기보다 감시하는 듯했다. 게다가 업체 사람들은 그들에게 맞춰주려고 전전긍긍했다. 사장도, 반장도, 조장도 모두. 그럴 수밖에 없는 구조인 것도 잘 알고, 수없이 많은 사례들을 봐왔지만 막상 내가 겪으니 기분이 묘했다.

오늘 잔업은 원래 작업하던 곳이 아닌 다른 층에서 한 상황이었다. 추측하건대 원래 작업하던 층에 우리 라인 외에는 잔업하는 곳이 없으니 다른 잔업이 있는 층에서 함께 일하게 하면서 전기를 아끼려고 했던 게 아닌가 싶었다. 5시부터 좁고 더운 곳에서 500대 넘는 제품들을 만들어냈다. 정신없이 흘러가는 시간 속에서 다리가 아파왔다. 잔업을 마치고 잠깐 핸드폰을 보는데 스무 살 난 귀여운 여자 동료가 반장님이 있을 때 폰을 보면 안 된다며 숨기라고 했다. 나는 그 모습이 스스로 통제하고 억압하는 것만 같았지만 아무 말 없이 그대로 바지 주머니에 핸드폰을 넣었다. '설마 뭐라 하겠어?'라고 말하고 싶었지만 그렇게 하지 못했다. 오늘치 작업을 끝냈다.

동료들이 내게 관심을 보여준 날

들어온 지 얼마 안 된, 같은 업체에서 일하는 한 노동자가 내게 살금살금 다가와서는 엄청 조심스럽게 귀에다 대고, "고등학교는 왜 안 갔어요?"라고 물었다. 이게 무슨 소리인가 싶어서 "네?" 이러니까 "고등학교요."라는 대답이 돌아왔다. "저 고등학교 졸업했어요." 했더니 눈이 동그래지면서 "졸업했어요? 대학교도요?" 하길래 "네."라고 대답했다. 중학교만 졸업하고 무슨 사연이 있어서 일하러 왔나 싶어 궁금했단다. 문제를 일으켜 학교를 그만둔 것처럼 보이지는 않는다 했다. 당황스러웠다.

이모 한 분이 팔토시 아래로 나온 내 손목을 보시더니 "엄마야! 손목이 이래 가늘어가 밥이나 떠먹고 살겠나!"라고 하시길래 "저 밥숟가락으로 밥 잘 먹어요."라고 했더니 "난 이런 며느리 들어오몬 일도 못 시켜 먹겠다!"라고 말씀하셨다. 옆에 다른 이모가 "그래도 시킬 건 시켜야 한다."라고 덧붙이시고. 그러자 "하긴, 철판 나르는 거 보면 괜찮을 것 같다."라고 대꾸하셨다. 난 아무 말 안 했다. 이모 한 분은 48세, 다른 한 분은 50세다. 시켜 먹기보다, 같이하는 걸 깨달으신 후에 며느리를 보시면 좋겠다고 생각했다. 어쨌든 하신 말씀, 이해는 한다.

시키는 대로 했지만

이번 주 화요일부터 진행된 잔업은 한마디로 '정직(정규직)이 싸놓은 X을 치우는 일' 같다. 체코로 수출해야 하는 건조기 1만 대 안에 고무호스가 잘못되었다고 해서 기한 없는 잔업이 계속되고 있다. 여러 조로 나눠 재조립과 재포장을 하는데, 나는 재포장 쪽에서 박스에 들어 있는 걸 꺼내 올려놓는 일을 맡았다. 3시간 동안 대략 500대를 작업해야 한다고 했다. 난 500번 앉았다 일어났다를 해야 하는 셈이다. 작업을 마치니 허벅지가 몹시 당긴다. 움직일 때마다 아파서 살아 있음을 느끼는 중이다. 먼지도 엄청 많다. 겨우 이 정도로 그러냐고 비난받을 수도 있겠지만, 잔업을 한다는 건 기본적으로 인간답게 살지 못하는 상황이다. 돈이고 나발이고 집에 일찍 가고 싶었다.

오늘은 러시아에 수출하는 건조기를 재작업·재포장 했다. 그에 앞서 국내용도 재작업·재포장 했다. 옆에 이모가 우리가 잘못한 것이니 조용히 일해야 한다고 했다. 그래서 내가 웃으면서 말했다. "이모, 우리 잘못이 아닌 것 같아요." 그러자 이모가 "왜?"라고 물었다. 조장이 제대로 일을 못해 160대를 모조리 지게차에서 내리고 올린 다음 새로 뜯어서 작업하고 있기 때문이다. 우리는 시키는 대로 했다. 우리에게는 작업을 통제할 권한도, 권리도 주어지지 않았다. 전부는 아니지만 많은 동료가 죄책감을 느끼면서 꼼꼼하게 재작업·재포장 했다. 잘못은 조장이 했는데, 정작 자신은 피하고 다른 사람에게 다 맡기는 모습을 보자니 절레절레가 절로 나왔다. 오전부터 작업을 시작한 P 오빠는 손바닥이 다 벗겨졌고, 올라프 오빠는 얼굴 표정이 사라졌으며, 손씨는 떨리는 손으로 밥을 먹었다. 마음이 많이 아팠다.

불법인 줄은 알지만

잔업을 3시간 해야 하는 줄 알았는데 2시간만 하란다. 갑자기 알았다. 진작 말해주면 어디가 덧나나 싶었지만 막상 끝나니 좋았다. 일찍 끝나서 다행이다 싶기도 했다. 일을 시키는 사람들에게 노동자는 전혀 중요하지 않은 듯했다.

　얼굴 표정을 싹 지운 채로 잔업을 하고 있는데 어딘가에서 소리 지르는 소리가 났다. 원청 관리자들이 왔다 갔다 하면서 소리를 지른 것이다. 나는 업체 계약직이지만 온갖 일을 다 한다. 못하는 건 없다. 시키면 해내야만 한다. 심지어 일을 하는 중에도 원청 사람이 다른 작업 지시를 내리기도 했다.

　예전에 지엠에서 계약직으로 일하다가 도급 달아 준다(사내 하청업체에 계약직이 아닌 정규직이 가는 것)는 말이 없어서 그만두고 이곳에 왔는데, 일이 너무 힘들어 다시 지엠 계약직으로 들어간 친구가 있다. 그 친구가 일하는 마지막 날 내게 귓속말로 이렇게 말했다. "원래 원청 사람들이 오더(order) 내리면 안 돼요. 그거 싹 다 불법이에요." 오늘도 어김없이 공장에서는 불법이 일어났다. 그것도 시시각각.

악의 없이 강조하는 여성성

여기서 일하다 보니 '여성성을 강조'하는 말을 자주 듣는다. 굳이 이 이야기를 하는 이유는 이모들이 특히 이 부분에 집요하기 때문이다. 내가 빨간 립스틱을 가지고 다니기 전까지 "입술에 무언가를 발라 보는 건 어때? 그게 훨씬 예쁠 것 같은데." "한창 꾸미고 다닐 나이인데 화장하면 더 예쁠 것 같아." 같은 말을 계속하셨다.

난 여기에 일하러 온 것이고, 예쁘게 보일 사람이나 이유도 없는데 이모들은 멈추지 않으셨다. 이모들은 40대 후반에서 50대 후반의 여성이니 성 고정관념이 강해서 그러리라 이해해봤다. 문제는 딱히 이모들이 하는 말에 동의하지 않기에 행동으로 옮기고 싶은 마음이 들지 않는다는 것이다. 같이 일해야 하는데 자꾸 부딪혀서 더 나은 동료 사이로 발전하지 못할까 하는 섣부른 걱정도 들었다. 이에 나 혼자 타협했다. 건조한 공장에서 렌즈까지는 도저히 못 끼겠고, 입술 보호제 중 발색이 되는 걸로 챙겨서 바르고 다니기로 했다. 그러자 다음 단계로 이어졌다.

시집 안 가냐, 남자친구는 없냐고 묻기 시작하신 것이다. "너희 세대는 결혼 안 한다고 하던데 그러면 인구가 줄어서 큰일이나요, 큰일이. 넌 어떠니? 생각은 있니?" 질문은 끝이 없었다. 물론 악의 없는 말씀이라는 걸 잘 알지만 내 나이를 들으시고는 미간에 약간의 주름을 지으며 걱정하시는 표정이 익숙한 듯 익숙하지 않다. 이런 이야기에 크게 의미를 두지는 않지만 계속되니 신경 쓰이는 건 사실이다. 이모들과 앞으로 다른 주제로 어떻게 대화를 더 해야 할지 고민 중이다. 즐거운 고민이라고 여기련다.

그래도 꿈틀거리는 사람이 있다니

여기는 정말 사람들을 막 쓴다. 무슨 말이냐 하면, 노동자들이 모두 업체 계약직으로 파악되는 것이다. 즉 업체에 정규직이 단 한 명도 없다. 모두 한 달 알바거나 10개월 계약직이다. 10개월을 채우면 한 달 정도 쉬고 다시 온다. 웃긴 건 쉬는 중에도 알바로 긴급 투입되곤 하는데 한 달 내리 알바로 일하다가 10개월짜리 계약서를 다시 쓰기도 한다. 이때 퇴사 서류에 직접 서명하고 다시 들어올 때 새 계약서를 작성한다.

언젠가 한 아저씨가 퇴사해야 할 때를 맞았다. 그런데 이 아저씨가 라인에서 바쁘게 작업한다고 큐맨(여러 사무 잡무 보는 업체 사람을 칭하는 말)에게 대신 사인하라고 했단다. 큐맨도 한 사람한테 사인 받자고 라인을 멈추려니 좀 그래서 자기가 대신 사인하고 제출했는데, 그 시점부터 아저씨의 반격이 시작되었다. 자신이 사인한 게 아니니 못 나가겠다고 한 것이다. 아저씨는 계속 출근하겠다면서 이를 막으면 부당노동 행위로 노동부에 신고하겠다고 큰소리를 쳤단다. 이후 큐맨은 업체 사장과 과장한테 크게 깨졌다는 이야기가 들렸는데 아저씨는 어떻게 되었는지 그 결과를 모르겠다. 기왕 반격할 거면 혼자 하지 말고 사람들을 모아서 했으면 좋았겠다는 생각이 맴돌았다.

아저씨 소식이 내내 궁금했는데 오늘에야 들었다. 이모 한 분이 큐맨한테 대놓고 물어봤는데 마침 내가 그 옆에 있었던 것이다. 알고 보니 그 아저씨가 먼저 그만두겠다고 하고 나가셨단다. 더 자세한 건 알 수 없었지만 먼저 그만두겠다고 하셨다니…….속상했다. 좀 더 버티고 사람들을 모으면서 싸워주시길 내심 바랐기 때문이다. 왜냐면 아저씨의 반응은 정당했으니까!

이모들은 그 아저씨가 예의 없다고 욕하고, 퇴직금이 아무리 탐나도 그러는 건 아니라고 욕했다. 난 가만히 있었다. 내게 주어지는 과제들이 내 수준에서 비롯되는 것이기도 하지만 현장 상황을 통해 결정된다는 것을 깨달은 후였기 때문이다.

눈앞에서 돈 떼먹힌 날

8월 31일이 지나갔다. 8월의 마지막 금요일은 원청에서 재물조사를 한다고 해서 쉬는 날로 이미 결정되어 있었다. 그런데 과장이 29일에 중식 조회를 한다고 업체 사람들을 다 부르더니 31일이 쉬는 날인 건 맞지만 4T 유급 4T 무급이라고 하는 게 아닌가. 나중에 월급 명세서 받고 따지러 오지 말라면서 그는 하하하 웃은 채 자리를 떴다. 근로기준법에 따르면 회사 사정으로 휴일이 생기면 그날도 임금의 70%를 줘야 하는데, 지켜지지 않았다. 왜 지키지 않느냐고 따지는 사람도 없었다.

소규모 자영업체 알바와 별반 다를 게 없다. 다들 공장에서는 돈을 제대로 잘 챙겨준다고 했는데! 여기는 그래도 하청업체지만 대공장인데, 다른 곳은 얼마나 더 열악한 것일까 움찔하게 된다. 그저 열심히 자기 생을 살아내는 성실한 노동자들인데……. 업체 사람들 모두 아무 소리 못하고 자기 공정으로 돌아갔다. 그러고는 31일에는 푹 쉬었다. 돈은 제대로 못 받고 말이다.

첫 월급 명세서

얼마 전, 월급 명세서를 받았다. 월급 명세서는 일하는 도중에 반장이나 큐맨이 와서 전달해줬다. 사람들은 받자마자 '얼마를 받았네.' '액수가 정확하게 맞네, 아니네.' 투덜거렸다. 하지만 얼굴 표정은 다들 조금씩 밝았다. 다만 가족을 부양해야 하는 사람들은 "애들 밥 어떻게 먹이냐……."라며 바로 어두워졌다. 나도 명세서를 받자마자 이번 달은 어디에 돈을 써야 할지 계획하면서 앞날을 그려봤다. 현재 수준의 월급으로는 결혼도, 출산도, 육아도 어려울 듯했다. 이만큼의 돈이 현실이구나 싶었다. 전일제 직장에서 일하는 게 처음인 주제에 너무 생각이 많은 게 아니냐 할 수도 있겠지만 지금 당장의 내 계산과 느낌으로는 그러한 걸 어떡하겠는가……. 아무튼 최저시급이 아무리 올랐다 해도 일하는 사람들의 생활은 어렵기만 하다.

게다가 내 생각보다 월급이 적었다. 지난달에 몸이 좀 아팠고, 약삭빠르게 행동했어야 했는데 그러질 못했다. 아프더라도 월급을 최대한 깎이지 않도록 일해야겠다는 생각이 들었다. 처음이라 그런 거라 여기고, 앞으로 더 몸도 챙기며 아프지 말고 일해야겠다고 다짐했다. 하지만 월급을 받고도 힘이 빠지는 건 어쩔 수 없다. 이 월급을 가지고 살아가야 할 앞날이 막막하다. 이 정도 받아서 앞날을 꾸리는 게 가능할지 잘 모르겠다. 내가 일한 가치가 이만큼밖에 안 되는 건가 싶어 씁쓸해지기도 한다. 고정 지출도 있고, 저금도 하면서 살아야 하는데 가능할지. 내가 일하는 이곳이 갑갑하게 느껴졌다.

여러 생각 때문에 표정이 좋지 않은 나를 보고 옆에 있던 이모가 "얼마 받았길래 그러노?"라고 묻자 기본 정도만 받았다고 했더니 "야야, 그 정도면 니 나이에 많이 받은 기다. 우리 딸은 하루 10시간 일하고 130만 원밖에 못 받아온다."라고 하셨다. 옆에 있던 다른 이모가 "무슨 일하는데?"라고 묻자 "미용실 시다."라고 답하신다. 이모 딸은 힘들어도 배운 게 아까워 일한다고 했다. 이모 딸은 나보다도 더 심하게 착취당하고 있다고 여겨졌다. 이모가 또 말했다. "손 전체에 샴푸 독이 올라도 웃으면서 손님 받고 힘들게 또 기술 배우는 거 보면 맘이 안 좋제. 내가 돈을 많이 벌어가 가게 하나 차려줘야 될 낀데." 이모는 딸이 운영하는 미용실에서 일하고 싶다고 했다.

현실이 까만 밤이다. 별빛조차 없다. 이제 별과 달을 박을 차례다. 곧 종이 울린다. 이모랑 같이 일하러 가야 한다.

찍소리하지 말고 살라고?

며칠 전 아침조회 시간. 업체 사람들이 과장 말을 들으러 우르르 몰려갔는데 말소리가 너무 작아서 정확히 알아들을 수 없었다. 마이크라도 쓰면 좋으련만, 그 정도 배려도 없었다. 무슨 내용인가 했더니, 밥 먹을 때나 출퇴근할 때 사원 카드를 왜 제대로 찍지 않아 원청에서 업체로 서류가 날아오게 하느냐는 것이었다. 과장은 자신이 천사이고 싶은데 악마가 되는 이유가 우리에게 있다고 했다. 그러면서 우리더러 기본을 잘 지켜야 하는 거 아니냐며 화를 냈다. 뭔 개똥밭에 굴러다니는 소리인가 싶었지만 우리는 모두 학창시절에 벌 받듯이 가만히 있었다.

그리고 개인 사정이 생겨 못 나오는 경우 적어도 하루 이틀 전에는 연락하란다. 사람이 비면 하루 알바를 구해야 하는데 갑자기 당일 새벽에 연락하면 어쩌냐면서. 아프기 하루 전에 연락하라니. 그 누가 예정하고 아플 수 있나. 너무 어이가 없어서 헛웃음도 나오지 않았다. 마지막으로 한마디 덧붙였다. 여기는 놀러 오는 곳이 아니라고. "일을 해서 정당한 노동의 대가를 받는 곳이니 성실히 일해주길 바란다."고 했다. 기가 찼다. 여기서 일 열심히 안 하는 사람 있으면 나와 보라고 해라. 그리고 정당한 노동의 대가를 받는다고 생각하는 사람 있으면 나와 보라고 해라. 그러고는 진짜 마지막으로 오늘 하루도 안전하게 다치지 말고 작업에 임해 달란다.

황당한 말을 들었을 때 느끼는 뜨거운 감정이 올라왔다. 다른 사람들도 볼멘소리를 입에 물고 각자 자리로 돌아갔다. 정직하고 성실하게 일해서 자신의 생계를 해결하고 사회에 필요한 물자를 만들어내는 사람들이다. 그럼에도 불구하고 노동의 대가를 제대로 받지 못하고 착취당하는 사람들이다. 아파도 골골거리며 일하고 책임감있게 생활하는 사람들이다. 그렇게 말하지 마라. 나 화나면 진짜 무서운 사람이다. 우리 모두 무서운 사람들, 분노로 힘내서 살아가는 사람들이라는 걸 잊지 마시길.

자꾸 바뀌는 잔업

일하는 곳에서만 통하는 게 있다. 바로 변덕이 심한 사람을 특정 회사 이름으로 부르는 것이다. 예를 들면 '엘지 같네.' '삼성 같네.' 하는 식이다. 물론 이러한 말은 내가 만든 게 아니다. 매번 계획과 다르게 일이 돌아가기 때문에 생긴 말이다. 노동자들은 작업 계획을 모르니 잔업 시간도 알 턱이 없다. 잔업을 한댔다가 안 한댔다가 특근을 한 댔다가 안 한 댔다가, 잔업으로 이 일을 한댔다가 아니랬다가 등등 예측할 수 없게 바뀐다. 마음을 비우면 편할 거라는데 난 그게 잘 되지 않는다.

　모두 저마다의 일상이 있는데 일하는 시간을 쉽게 바꾸는 걸 볼 때마다 기분이 좋지 않다. 오늘도 그랬다. 안 한 댔다가 한 댔다가, 특정 사람만 한댔다가, 다시 할 사람 있냐고 물었다가……. 결국 원청에서 예전에 작업했던 사람만 하라고 해서 그 인원만 일했다. 우리는 시키면 하고 안 시키면 안 하는 마리오네트 같은 존재인지…….

그래도 노동하는 게 낫지!

오늘은 내 친이모와 많이 닮으신 이모 옆에서 일했다. 대화도 몇 번 나누었는데, 꽤 치열하게 인생을 살아오신 분이었다.

10대 후반에 인생에 대해 진지하게 성찰했고 비구니가 될까 고민까지 했지만 지금의 남편을 만나 아이를 낳고 살아오면서 그런 생각을 덜 하게 되었다고 하셨다. 자신과 비슷한 고민을 나눴던 언니는 스님이 되었다고 했다. 나이 먹으니 머리 쓰는 것이 싫어 소설을 주로 읽는다고 하셨다.《해리 포터》같은 긴 소설도 다 읽으셨다고 했다. 등산도 좋아하신단다.

이모는 이렇게 일한 지 10년째라고 했다. 남편은 엘지 원청 정규직인데, 집에서 살림하며 알뜰살뜰 살아가는 것이 어느 순간 힘들게 느껴져서 일하러 나왔다고 하셨다. 아이들 앞에서 경제적으로 당당해지고 싶은 마음도 있으셨고. 무엇보다 젊지도 늙지도 않은 쉰이라는 나이에 가만히 집에서 우울하게 있고 싶지 않다고 하셨다. 사회구성원으로 무언가 행하며 살고 싶은 마음이 컸다고 하셨다. 어딘가에 속해서 열심히 살아간다는 그 느낌이 좋지만 몸이 아파 일하는 데 지장이 생기거나 기분 나쁘면 짜증도 난다고 하셨다. 그래도 늘 싱글벙글 웃으며 일하신다. 내게 여러모로 도움을 많이 주시기도 했다.

사람들에게 '일'은 하기 싫은 행위일 수도 있지만 생활의 활력소가 되기도 하는 것 같다. 왜냐면 일을 통해 자신을 '쓸모' 있는 사람으로 느낄 수도 있기 때문이다(물론 집안일의 경우 그 자체로 온전한 일임에도 우리 사회에서는 여전히 제대로 인정받지 못하고 있다). 이모를 보면서 일이 사람의 인생을 얼마나 더 값지게 할 수 있는지 새삼 느꼈다. 다만, 지금 같은 노동 구조와 노동 강도는 달라져야 한다.

오늘, 쓸모를 팔지 못한 나는 잔업을 하지 못했다. 잔업 인원에서 배제된 것이다. 잔업이라도 해야 내 생활이 좀 나아질 텐데, 하는 불안감과 힘든데 집에 가서 쉬고 싶다는 마음이 공존한다. 그래도 살아남아야 하니 이제 잔업이 생기면 할 수 있다고 해야겠다. 여기서 내쳐지면 난 정말 '무쓸모 인간'이 되어버릴 것만 같다. 그러면 안 그래도 낮은 자존감이 어디까지 떨어질지 모른다. 적고나니 슬프다. 잠들기가 조금 힘들 것 같다.

이모의 청춘, 노동자 대투쟁 경험담

친이모와 닮은 이 이모와는 거의 늘 옆에서 일한다. 언젠가 이모와 문학 이야기를 하던 끝에 내가 장난 삼아 "이모는 남편분을 어떻게 만났어요?" 하고 물었다. 그러자 이모가 "일하다가 만났지."라고 답하시길래 내가 "사내연애예요?"라고 다시 물었다. "근데 나는 둘이 만난 곳에서 일을 그만두고, 아저씨는 계속 일하고. 특별히 기억이 남는 데이트도 없다."라고 하셨다. 그리고 의외의 말씀도 들려주셨다. "1987년 노동자 대투쟁이 끝나고 나서 같은 라인 사람들끼리 모였는데 그때 아저씨랑 눈이 마주쳤어. 한 살만 많아도 아저씨라고 했는데 네 살이나 많았어. 그때의 눈맞춤이 지금도 생생해." 난 조금 놀랐다.

"87년도 파업이 기억나세요?"

"그럼. 나도 억울하다고 파업 찬성하는 도장 찍었지. 노동자들이 점거한 공장이 많았어. 여기도 난리가 났었지. 나는 용기가 안 나서 공장에 상주하지는 못하고 출퇴근을 몇 번 했지. 그러다 고향 집에 가서 농사일을 거들고 있는데 연락이 오더라고. 파업 끝났으니 복귀하라고. 그렇게 공장에 다시 가서 아저씨를 만났지. 그 이후는 고통의 연속이었어. 그 일들은 우리 딸이 잘 안다. 하하.”

“어머 어머. 이모, 그거 제가 소재로 활용해도 돼요?”

“그래라!”

나는 이모와 대화를 좀 더 이어갔다.

“파업이 끝나고 나서 공장으로 돌아가 보니 사측에서 동료들을 회유하고 동료들 사이를 이간질해 놓는 데다 노조는 어느 순간 어용노조로 변해 있었지. 내가 공장에 계속 있던 게 아니어서 자세한 사정을 모르지만 일이 그렇게 끝나버렸어. 좀 억울했어.”

“뭐가 억울했어요?”

“인간 대우를 못 받는다는 느낌? 그때 회사에서 이윤을 크게 낼 때였거든. 그런데 그걸 안 나눠 주니까……. 우리도 이윤을 받자는 이야기에 공감이 갔지.”

그리고 이모는 덧붙이셨다.

“사람답게 사는 세상을 만들고 싶다고 그렇게 싸웠는데 지금도 사람답게 사는 세상은 아닌 것 같아. 적어도 그땐 내가 부품밖에 안 된다는 생각을 덜 했는데, 지금은 일하다 보면 소모품이나 부품에 불과하다는 생각이 많이 들어.

전라도 지역에 자동차 산업단지를 만든다고 하던데 거기가 어디더라……. 아무튼 거기에서 연봉 4,000만 원 정도 주면서 일할 수 있게 해준다는데 연봉 4,000만 원이면 넉넉하지는 않아도 밥 먹고 살 수는 있잖아. 그치? 근데 그걸 다른 공장들에서 반대했다고 하더라고. 그걸 보면 사람은 참 이기적이야. 현대자동차 같은 곳은 우리가 보기에는 부르주아급이거든. 그런 곳에서 반대하니까 좋아 보이지 않지. 기득권 같아.

그리고 나를 연봉 4,000만 원도 안 되는 노동자가 아니라 정규직 30년 차인 남편을 둔 사람으로 보는 시선이 좀 별로야. 나는 내 시선에서 세상을 보고 이제 내 아들딸 시선으로 보는데 말이야."

열심히 이야기를 듣고 있는데 이모가 "뭐 하다가 이런 이야기를 하고 있지?"라며 웃으셨다. "전, 아저씨랑 결혼 어떻게 하셨는지만 물어봤어요. 음……. 이모랑 아저씨랑 결혼해서 아들딸 낳고 잘사는 걸로 훈훈하게 마무리!"라고 말하며 나도 웃었다. 이모가 웃으면서 좋다고 하셨다.

재밌었다. 흥미진진하게 듣기도 했고, 1987년에 활동하셨던 노동자분을 만나서 신기하기도 했다. 우리는 다시 본드 냄새 나는 부직포를 붙이러 갔다.

본드 냄새가 밥 먹여주나

오늘은 건조기를 만드는 곳에 있다. 잘 안 팔린다는 것 같은데 왜 이렇게 많이 만드는지 모르겠다. 측면 모터나 다른 부품이 닿는 곳에 부직포 같은 뽁뽁이(에어캡)를 붙이는 작업이다. 고무 레일을 깔아 놓거나 철판을 밀어가면서 대차에 넣는다. 하얀색 긴 부직포를 붙일 때면 본드 냄새가 엄청나게 많이 난다. 그러면 어지럽다가 멍해진다. '이러다 뇌에 구멍 생기는 거 아냐?' 하는 생각도 든다. 냄새가 너무 심해 부직포가 들어 있는 박스를 미리 뜯어 놓았는데 별 차이가 없다.

이런 와중에 과장은 "레일이 빨리빨리 움직이다 못해 고무 탄내까지 나야지. 왜 이렇게 느려!" 하고 농담을 던지고 갔다. 아무리 농담이라도 그런 말은 삼갔으면 좋겠다. 지금도 코가 얼얼하다. 언제 냄새가 가시려나 모르겠다.

그나저나 점심을 다 먹고 양치하러 후다닥 화장실에 가면 일하는 사람들이 거의 다 모여 있다. 얼른 양치하고 쉬려는 것이다. 다들 오고 가며 꼭 "밥 많이 먹었어? 뭐 먹었어?"라고 묻는다. 오늘 점심에도 열 번은 들은 것 같다. 그 질문이 지겹게 느껴지는 건 아니다. 정이 오가는 말이니까. 아마 일해본 사람들은 다 알 것 같다. 밥 힘이 없으면 일을 못한다는 것을.

나는 학교 다닐 때만 해도 생활이 엉망이었다. 하루에 잠을 서너 시간만 자거나 하루 한 끼만 먹거나, 라면 하나로 온종일 버티기도 했다. 수입이 적었기 때문이기도 하지만 그렇게 먹어도 하루를 버틸 수 있었기 때문이다. 그런데 일을 시작하니 절대로 그렇게 못하겠다. 일하기 위해서는 내 몸뚱어리가 건강해야 한다. 그래야 먹고 살 수 있다. 덕분에 예전보다 더 활기차게 생활하는 중이다. 이 사회에서 일하는 모든 사람이 맛있게 먹고 힘내서 일도 하고, 투쟁도 하고 그랬으면 좋겠다는 생각을 해본다. 이제, 철판 옮기러 가야겠다. 다들 맛나게 식사하셨나요? 파이팅!

가정의 날, 잔업 없음

이번 주 수요일. 가정의 날이라고 잔업이 없다고 했다. 공장 전체에 불이 꺼지고 사람들은 제시간에 퇴근했다. 집에 일찍 가서 가족들과 시간을 보내라는 의도로 시행하지 않았나 싶다. 사람들 반응은 좋았지만 고작 이런 하루로 가족과 가정을 챙길 수 있다고 생각하는 게 조금 웃기다. 게다가 이번에도 잔업이 없다는 것을 미리 알려주지 않았다. 1시간 전에 통보받았다. 진짜 각 노동자의 가정이 화목하고 행복하길 바란다면 가정의 날을 정해 그날만 잔업을 하지 않는 것만으로는 너무나 부족하다. 일하는 모든 노동자에게 정말 도움을 주려면, 임금 체계를 확 바꿔 임금을 높여주고 높은 노동 강도 때문에 집으로 돌아가 지쳐 쓰러지는 일 없이 가족과 웃으면서 즐거운 시간을 보낼 수 있게 해주는 게 훨씬 더 바람직하지 않을까 싶다. 뭐, 사측이라고 그걸 모르겠는가. 다 알지만 모른 척하고 이렇게 하루를 정해놓고 생색이나 내고 마는 거지.

　어린 시절을 돌이켜보면 우리 가족은 아버지가 쉬는 날마다 여기저기로 소풍을 갔다. 그때 아버지가 엄청 노력하셨겠다는 생각이 지금에야 든다. 그때는 주 52시간제 같은 것도 없고, 주 68

시간까지 허용했던 때였는데……. 늦었지만 이제라도 아버지께 감사하다는 마음을 전한다.

일 마치고 집에만 들어가면 아무것도 하고 싶지 않다. 바닥과 몸이 하나가 되어 스르륵 아침을 맞이하는 경우가 부지기수다. 잔업과 특근 없이 생활이 가능한 임금을 받을 수만 있다면 일하는 사람들이 훨씬 더 다채로운 삶을 살아갈 것 같다. 나아가 사회가 더 많은 색을 뿜어낼 것 같다.

밥 한 숟가락

어린 시절, 난 자주 아팠다. 병원에 입원한 적도 몇 번 있었다. 유치원에 들어가기도 전에 폐에 문제가 조금 생겨서 종합병원 신세를 지기도 했다. 창원에 있는 무수한 공장 중 한 곳에서 노동자로 일하시던 아버지는 딸이 병원에 있으니 퇴근을 집이 아닌 병실로 하셨다. 가끔 새우깡을 사오시던 모습이 기억난다.

그러던 어느 날, 엄마는 아버지께 나에게 밥을 먹이라고 부탁하고 잠깐 볼일을 보러 나가셨다. 얼마 후 돌아오신 엄마에게 아버지는 혼이 나셨다. 아이 입에 들어가는 밥의 양이 너무 많았기 때문이다. 무슨 말이냐면, 아이는 입도 위도 작으니까 밥을 조금만 뜬 후 반찬을 올려서 먹여야 했는데 밥을 한가득 퍼서 입에 넣어주려 한 모습을 엄마가 본 것이다.

어느덧 나는 학교를 졸업하고 아버지와 같은 노동자가 되었다. 생계를 위해 전일제로 일하며 하루하루를 채우고 있다. 일을 마치고 밥 먹을 시간이 되면 나도 모르게 허겁지겁 밥을 욱여넣게 된다. 입이 찢어져라 크게 벌려서 먹는다. 내가 그러다 보니 새삼 그때의 일에 고개가 끄덕여졌다. 아버지는 퇴근 후에 얼마나 배가 고프셨을까. 그래도 딸이 아프다고 먼저 챙겨야 한다고 생각하셨겠지. 고된 노동 후에 배가 고파 본인이 먹고 싶은 만큼 아이한테 먹이려 했을 것이다. 엄마한테 한 소리 듣고 나서 내게 얼마나 미안해하셨을까.

오랜 시간이 지난 후에야 엄마도 노동하고 돌아온 사람 식사를 먼저 챙겼어야 했는데 그때 아픈 나를 먼저 생각했더라고 말씀하셨다. 당시를 떠올리면 아버지께 미안한 마음이 든다고 눈이 촉촉해지셨다.

내가 노동자로 살아가다 보니 노동자로 살아가셨던 아버지가 종종 생각난다. 훨씬 더 많이 이해하고 느낄 수 있는 것 같다. 진작 알고 보듬어드렸다면 더 좋았을 것을……. 아버지께 맛있는 밥 한 숟가락을 대접하고 싶다. 파란 하늘을 보니 아버지가 더 그리워진다.

여기저기 눈치 보며 검열하는 사람들

어제 알바로 들어온, 그러니까 한 달만 일하기로 하고 들어온 이모와 이야기를 나눴다. 이모는 쉴 틈 없이 몸을 움직이신다. 본인이 맡은 일을 다 하고 난 후에는 다른 사람들한테 '도와줄까?' 하신다. 괜찮다고 해도 계속 일하신다. 그래서 오히려 불편할 때도 있다. 움직임이 잦으니 옆 사람에게 방해가 되는 것이다. 마지막 쉬는 시간에 나는 바닥에 철푸덕 앉으면서 이모께 앉으시라고 했다. 그러다 이모 손을 보았다. 나는 "이모, 공장 밥 드신 지 얼마나 되셨어요?" 하고 물었다. "10년 넘었지!"라는 대답이 돌아왔다. 나는 "이모가 계속 움직이시니까…… 저도 같이 움직이게 되더라고요."라고 말했다.

"일이 여기가 처음이야?"

"네, 그런 셈이에요. 처음 직장 생활하는 거예요."

"관리자들이 다 지켜보고 있으니까 쉬는 듯이 보이면 괜히 눈치 보여. 움직이는 게 낫지."

"그래도 계속 움직이면 힘들지 않으세요?"

"우리 나이쯤 되면 움직이는 게 안 아파. 괜찮아."

이모가 계속 움직이시는 건 관리자들을 의식해서였던 것이다.

손이 고우시다고 말씀드렸더니 엄청 좋아하신다. 젊었을 때는 손 예쁘다는 소리 많이 들었다며 손톱이 특히 예쁘다고 덧붙이셨다.

"지금은 마디가 이렇게 굵은 듯해도 예전에는 이런 거 없이 엄청 예뻤어."

"이모, 지금도 예뻐요."

"고맙다."

눈치 안 보고 스스로 할 수 있는 만큼 일하는 것을 당연히 여기는 사회가 되면 얼마나 좋을까. 사람들이 자신도 모르게 흘끗 뒤돌아보지 않게 되면 얼마나 좋을까. 자기 일에 대해 충실하고 충분히 연습할 수 있는 시간을 보장받아 일이 자연스레 손에 익어 간다면 얼마나 좋을까. 그런 사회에서라면 이모의 손도 우리의 손도 나이 들어도 고운 주름만 잡혀 있을 텐데. 그나저나 이모와 맞춰 일하는 것이 쉽지는 않다. 사실 이모하고 하는 일만 그런 건 아니고, 다른 일들도 마찬가지다. 쉽지 않은 생활의 연속이다.

국민체조를 아시나요

두 달 정도 된 일이다. 일하기 전 체조를 하는데 그날은 국민체조였다. 내 기억에 국민체조 다음으로 '새천년 건강체조'가 만들어졌고 홍보를 많이 했던 것 같은데, 아직 국민체조만큼 인기는 없나 보다.

역시 사람은 익숙한 것에 편안함을 느끼는구나 싶다. 거의 20년 전에 처음 해봤던 체조인데 노래를 듣자마자 몸이 기억하는지 자연스럽게 움직여졌다. 스무 살 알바 친구한테 웃으면서 "내가 이걸 기억하다니 웃기다." 했더니 그 친구가 "언니, 이 체조 알아요? 전 여기 와서 처음 알았어요."라고 답했다. 세월이 참 많이 흘렀고, 나도 적은 나이가 아님을 새삼 실감했다. 그냥 그랬다.

명절 휴무 3일

이번 명절 연휴의 휴일이 최종적으로 나왔다. 극적 타결도 아니고 이건 뭐……. 도대체 누구 머리에서 나온 건지. 연휴를 코앞에 두고 특근 소식이 갑자기 들려왔다. 일요일과 월요일, 화요일에는 쉬고 대체휴일인 26일 수요일에는 특근을 한다. 딱 3일 쉬는 것이다.

숙련공 없이, 대책 없이 생산을 해댄지라 재작업을 엄청 많이 해야 하는 상황인데, 이를 처음부터 끝까지 사람 손으로 한다. 통돌이 세탁기가 한 팰릿 위에 8개 정도 실리는데 그게 도착하면 끈을 풀고 상하차한다. 박스를 뒤집고, 박스를 벗겨 내고, 나사를 풀어서 잘못된 걸 고치고 검사하고, 다시 나사를 조이고 박스를 덮고 포장해서 넘긴다. 어제 이 작업을 했는데 작업이 마무리될 무렵 모든 사람 핸드폰에서 '띠링' 하고 알림음이 울렸고, 내용을 보고 모두 경악했다.

"♥긴급♥ 26일 대체휴일에 특근이 결정되었으니 출근해주시길 바랍니다."

처음에는 장난치는 줄 알았다. 에이 설마……. 아침에 이모랑 26일에 출근하면 위로금을 준다는데 너무 웃기지 않냐고, 위로에 무슨 돈을 매기냐며 출근을 위로한다는 게 말이 되냐며 웃었는데, 결국 출근하게 된 것이다. 사람들이 조금씩 짜증을 내기 시작하자 업체 과장이 회사가 어려우니 반장을 도와준다 생각하라면서 나중에 좋은 소리 들으려면 일해야 한다고 했다. 그러면서 밤늦게 긴급회의를 통해 결정된 것이라고 덧붙였다. 거 좀 좋은 소리 안 들으면 어떤가. 돈 좀 적게 받으면 어떤가. 더도 말고 덜도 말고 남들만큼 좀 쉬자는데.

게다가 놀라울 만큼 모두 가만히 있었다. 올라프 오빠만 노조가 없어서 이렇다면서 기분이 거지 같다고 투덜거릴 뿐이었고, 손씨만 그날 절대 나오지 않을 거라고 반장한테 직접 이야기하러 갔다. 난 사람들만큼 무기력해질 뿐이었다. 통근버스를 타러 가는 길에 올라프 오빠한테 슬쩍 물었다.

"우리도 법을 다 안 한다고 하면 못 시키지 않을까?"

"그럼, 다 나가라고 하겠지."

"에이, 80명 넘는 인원을 어떻게 다 내보내?"

"뭐 하러 그래. 주동자만 색출해서 버리고 쫙 소문내서 사람들 입 막으면 되지."

"……."

작년에는 열흘 정도였던 추석 연휴에 단 3일만 쉬고 다 나와서 일했다고 했다. 지엠 비지회 조합원분이 내가 일하는 공장에 현장실습 왔다가 지엠에 가니 천국 같았다고 했던 게 생각났다. 그곳에서는 연휴에 쉴 수 있는데 그게 다 노조가 싸워준 덕분인 것 같다고 했다. 곧 세탁기 밀러 가야 한다. 퇴근까지 아직 2시간 남았다.

명절 대체휴일에 특근하기

오늘은 특근하는 날이다. 대체휴일에 일하는 것이니 특근이 맞다. 업체 사람 전체를 3개 조로 나누어서 1,000대씩 작업한다고 한다. 잔업 이야기까지 나온다. 끔찍하다.

지난주 며칠 동안 반장이 계속 서명하라고 해서 해당 날짜에 맞게 서명했다. 처음에는 다들 하니까 나도 내 이름을 찾아서 하고 말았는데 그 내용이 궁금해졌다. 반장도 '사인받으러 회사 오는 것도 아니고…….'라는 말을 한 적이 있었다. 앞장을 넘겨 보니 안전교육을 받았다는 서명지였다. 소름이 돋았다. 화재대처법이나 응급처치법을 배운 적도 없는데 배웠다고 서명하게 하다니! 안 그래도 요즘 들어 작업장에서 사고도 더 많이 나고 목숨을 잃는 경우가 있어 꽤 무서웠는데…….

출근 첫날 받았던 교육도 정말 실용성이 떨어졌다. 교육 담당자는 말끝마다 작업자들만 조심하면 안전은 문제없다는 말을 반복했다. 사고라는 게 내가 조심하면 발생하지 않는 일이라면, 세상 사람들은 늘 조심할 텐데 왜 사고가 터지는 건지! 안전불감증이 일상이 된 듯했다. 일하다 죽는 것만큼 억울한 일이 있을까 싶다. 살려고 일하러 왔는데 죽는다니!

어휴, 답답해

퇴근길, 사람들로 빽빽한 통근버스에서 새삼 답답해졌다.

　진짜 불법파견이 없어졌으면 좋겠다!

　편법과 불법으로 일 시키는 게 없어졌으면 좋겠다!

　개 같은 노동법 다 수정되고 지금의 노동법도 없어졌으면 좋겠다!

　답답해서 죽겠다!

　통근버스에 사람이 많아서 답답한 게 절대 아니다. 내 주변 현실 때문에 답답하다!

부직포 하나에 밥 한 그릇

나는 아직 라인에 합류하지 못한 채 지금 고무 레일에 올려놓은 철판에 얇은 솜이 들어간 스티커를 부착하는 일을 한다. 솜은 큰 것과 작은 것으로 나뉘어 있으며, 스티커는 길고 부직포처럼 생겼다. 한 대차에 26개가 들어가는데 대부분 5분 정도면 대차 하나를 꽉 채울 수 있다. 하루에 2,500개 정도 대차를 작업하는 것 같다. 스티커가 꼭 기저귀 같기도 하고 대형 백설기 같기도 하다.

이 스티커는 하얀색으로, 일하는 사람들이 부르는 공통 명칭이 있다. 바로 '밥'이다. 스티커가 다 떨어지면 사람들은 '밥이 다 떨어졌다.'라고 한다. 처음에는 별생각이 없었는데 가만 생각해보니 진짜 밥이었다. 한 달 동안 우리 노동자들을, 노동자 가족들을 먹여 살릴 밥줄인 것이었다. 재미 삼아, 편하게 부르는 명칭들이 어느 순간 예사로 느껴지지 않는다. '밥' 하나 철판에 붙이고, 옮기고, 발걸음 하는 모든 것이 결국 굶어 죽을 자유를 면하기 위한 행위인 듯하다는 생각도 들었다.

내일은 하늘이 열린 개천절이라는데 저들이 말하는 자유로운 계약관계에 얽매여 있는 나는 또 일하러 간다. 특근하러 간다. 밥 벌러 간다. '밥'을 붙이러 간다.

불법이 맺어준 인연

1공장에서 일하다 온 동갑내기 친구에게 들은 이야기다. 이 친구는 나와 동갑이지만 5년 동안 공장에서 일하면서 잔뼈가 많이 굵어졌다. 남자들이 일하는 라인에서도 살아남았다. 그래서인지 이곳에서도 일을 척척 해내고 사람들과 관계도 잘 맺는다. 이 친구가 이야기해준 내용인데, 내가 직접 본 것은 아니라서 조심스럽긴 하지만 꺼내본다.

정규직과 비정규직이 한 라인에서 같이 일하는 것은 불법이다. 공장에서 일하면서 그걸 모르는 사람은 없다. 하지만 아직까지 많은 공장에서 그런 일들이 비일비재하다. 전에 친구가 일했던 공장에서는 남성 정규직들이 일하는 라인에 여성 비정규직들이 들어가 같이 일하는 경우가 많았다고 한다. 그래서 젊은 청춘 남녀들이 일하다가 눈이 맞아 결혼까지 하게 되었단다.

참…… 불법이 맺어준 인연인가……. 하긴, 자본주의사회에서는 가족을 이룬 개인이 그 안에서 모든 걸 책임져야 하니 자본 입장에서는 잘된 걸까? 정규직 남편이나 지인을 둔 이모들이 관리자들과 친한 걸 보면 노동자들끼리 똘똘 뭉치는 게 가능할까 싶을 때도 있다. 자본 입장에서는 그렇게 해서라도 노동자들이 단결하지 못하면 좋은 일일 테다. 여러모로 자본에게 유리한 상황과 조건이 확인되고 그것들이 너무 만연한 이곳에서의 생활이 갑갑하기도 하다.

내게도 불법이 맺어준 인연을 찾으라고 말하는 이모들이 있다. 괜찮은 남자 정규직을 스캔해서 얼른 시집이나 가란다. 난 그냥 모르는 척 '그게 뭐예요?' 하면서 웃고 만다. 불법이 맺어준 인연이라니……. 어감이 굉장히 좋지 않다.

버티고 버틴 날

그런 날이 있다. 늘 하던 일인데 이상하게도 힘이 더 드는 날. 날씨를 탓할까 싶은데 꼭 그 때문은 아닌 것 같다.

　오늘 하루 힘이 들었습니다.
　이만큼 견뎌온 생인데도 힘이 들어 온몸이 녹아내릴 것 같습니다.
　하루하루 늙음이 내려앉아 변해가는 어제의 내 모습을 가여운 심정으로 바라봅니다.
　달의 하루가 시작된 때에 온 마음이 아수라장이 되어 정처 없이 떠도는 발걸음을 붙잡고 처마 밑으로 들어와 온몸의 숨을 밖으로 꺼내놓습니다.
　잘 버텼다고…….
　혼자 다독이며 오늘 하루의 일을 목구멍으로 꾹 넘겨 봅니다.

같이 일하는 이모의 회사 편들기

대체휴일에 옆에서 같이 특근한 이모는 남편이 지엠에 다닌다고 했다. 지엠 비정규직 투쟁 때 연대하러 자주 가면서 오히려 힘을 많이 받고 왔던 기억이 떠올랐다. 동시에 요즘은 자주 가지 못해 미안함도 들었다.

이모 남편은 정규직인데 23년 동안 차체부에서 일했다고 한다. 부서 안에서 일은 바뀌었지만 말이다. 그 부서에 공정이 엄청 많은데 정확히 무슨 일을 하는지는 모른다고 하셨다.

그 남편분은 비정규직 투쟁 모습을 옆에서 다 지켜보셨겠다 싶었다. 내가 이모한테 요즘 한국지엠이 맨날 포털사이트에서 메인 뉴스에 뜨더라고 이야기했더니 이모는 "이젠 다 정상적으로 돌아가. 잘 마무리됐대."라고 했다. 거기도 여기처럼 협력업체가 많지 않냐고 물었더니 이모가 업체는 많은데 월급 차이는 안 난다면서 하루가 다르게 복지가 줄어들고 있다고 했다. 나는 차마 비정규직이 잘린 것에 대해 이야기할 수 없었다. 조심스러웠기 때문이다. 그래서 "기사 보니까 8,100억 받았다던데요? 왜 복지가 줄어들어요?"라고 물었더니 "회사가 어려우니까 그렇지. 그럴 수밖에 없지."라고 했다. "군산 공장은 없어졌다고 시사 프로그램에 나오던데요?"라고 되물으니 "회사가 어려우니 그렇지. 그건 어쩔 수 없지."라고 하셨다. 그러면서 이모도 예전에 전자레인지를 생산하는 공장에서 일했었는데 물량이 줄어 4년 동안 다니던 곳임에도 잘렸다고 하신다.

내가 "아저씨가 정규직이면 이모는 일을 안 하셔도 괜찮지 않아요?" 여쭸더니, "그래도 벌어야 편하다." 하시며 "곧 유급 휴업에 들어간다고 하던데?"라고 덧붙였다.

이모는 회사가 먼저 살아야 노동자가 산다는 생각이 너무 강해 보였다. 어떻게 해야 인식을 바꿀 수 있고, 다시 행동으로 나아가게 할 수 있을까…… 지엠 비지회 동지들한테 연락해봐야겠다. 투쟁하는 동지들한테 힘을 주고, 나도 힘을 좀 받고 싶으니까. 한 주가 시작되는 오늘도 힘내서 일하고 투쟁했으면, 각자 현장에서 잘 버텨냈으면 좋겠다.

퇴직금

동갑내기 친구와 대화하다가 나온 내용이다. 내게 여기서 계약직으로 일하지 말고 퇴직금을 주는 곳으로 가라는 것이었다. 친구는 그 이야기를 전부터 종종 했다. 지금 하는 일은 알바라 생각하고 다른 곳으로 가라는 것인데 이유는 '퇴직금' 때문이다.

그런데 내가 듣기에는 이상했다. 일을 시작하면 계속하는 게 기본인데, 퇴직금을 받으라니. 퇴직금은 그만두고 나서 받는 돈 아닌가? 그래서 솔직하게 이야기했다. '계속 일하는 것인데 퇴직금을 받는다면 일을 그만둔다는 뜻 아니냐, 밥벌이를 계속해야 하는데 퇴직금을 생각하고 일을 한다는 게 내 생각에는 좀 이상하다.' 그랬더니 친구는 "그게 왜 이상해? 사정이 있으면 퇴사하고 다시 들어가면 되지."라고 대답했다.

그 말을 듣자 우리는 비정규직이 도입되고 비정규직이 만연한 사회에 살고 있다 보니 한곳에서 꾸준하게 일하는 게 '상식'이 아님을 새삼 깨달았다. 필요할 때 일하고 또 퇴사하는 게 상식인 사회에서 살고 있는 것이다. 퇴직금을 받는다는 것도 업체 정규직으로 들어가서 목돈 챙겨서 나오면 된다는 뜻인데, 사실 그 금액이 얼마 되지도 않은 데다가 퇴사 이후의 삶을 보장할 수 없는 수준이니 별 의미 없는 돈 아닌가. 불안정하게 사는 삶에 적응하고, 살아야 살아지니까 그렇게 살아가는 것 같다. 상식이 시대마다 뒤집히는 세상이다. 그리고 바뀐 상식이 전혀 도움이 되지 않는 세상인 것 같다.

경쟁해야 밥맛이 좋아질까?

공장 식당에는 배식구가 9개다. 각각 한식, 분식, 건강식 등 종류가 다른데 나는 특별한 일이 없으면 줄이 적당한 곳에 선다. 식당밥의 맛에 대해서는 사람마다 호불호가 갈리는 편인데 나는 거의 모든 게 별로라고 생각한다. 대체로 너무 자극적이기 때문이다.

식당 밥에 대한 생각이 나와 같은 P 오빠가 어느 날, "야, 왜 이렇게 맛이 없노. 이럴 거면 차라리 배식구마다 업체 다 다르게 해서 경쟁 붙이뿌라."라고 버럭했다. P 오빠에 따르면 배식구마다 업체를 다 다르게 해서 사람들이 더 많이 먹는 배식구에는 인센티브를 지급하고, 식권을 저조하게 받은 업체는 없애야 한다는 것이었다. 그러면 음식 질이 저절로 좋아질 것이라고 했다. 사람들은 경쟁을 해야만 성장한다나 뭐라나. 그래서 내가 "에이, 원청에서는 사람들이 많이 찾든 말든 가격이 제일 싼 걸로 하고 싶어할 거고 좋은 재료로 배식하려 하기보다는 더 저렴한 재료로 화학약품 처리해 음식을 만드는 업체를 택할 것 같은데?" 하니, 또 P 오빠는 "왜? 아이다! 너무 맛이 없다. 경쟁해야 한다, 경쟁!" 그런다. 그 말에 나는 "경쟁하면 음식값만 더 오를 수 있어. 경쟁이 심해지면 질 좋은 음식이 아니라 더 저급한 음식을 먹게 될걸?"이라고 되물었지만 오빠는 아니란다. 옆에서 듣던 손씨가 그런 이야기는 밥 먹을 때 하지 말고 나가서 둘이 하라고 타박해 중단했다.

일하는 노동자가 자본가 마인드를 지닌 경우가 많다고들 한다. 나도 노동자이니 마찬가지일 것이다. 이데올로기가 얼마나 무섭고 중요한지 새삼 깨달았다.

잘 쉬기

전에는 주말에 잘 쉬지 못했다. 뭐라도 하지 않으면 불안했기 때문이다. 오전 10시쯤에 일어나면 난리가 났다. 계획했던 일들에 차질이 생기니까. 하다 못해 빨래도 해야 했고 청소도 해야 했다. 주말에 쉬기만 하면 자기 전에 허무했고 자책하곤 했다. 다음 주는 절대 이러지 말아야지 다짐하면서 한 주를 마감했다. 그래서 그런지 늘 피곤했다. 버스에 타기만 하면 잠이 쏟아졌다. 집중력도 흐려지고 머릿속도 복잡해졌다.

그런데 전일제로 본격 일을 시작하니까 주말에 조금이라도 쉬지 않으면 거짓말을 좀 보태서 살 수가 없어졌다. 그래서 주말 중 하루라도 틈이 생기면 무조건 쉬었다. 잠에서 깨도 조금이라도 더 누워 있기, 움직이기 싫으면 굶지 말고 배달 음식 시켜 먹기 등으로 철저하게 나를 위한 쉼을 택했다. 그러니 한 주 시작이 가뿐해졌다.

여가생활을 하는 것과 휴식을 취하는 것은 정말 달랐다. 재충전의 시간이 얼마나 중요한지 요즘 너무 잘 깨닫고 있다. 그러니 쉬는 시간을 아까워하지 마시라.

여전히 적응 중

'공장2'에서 3개월 반 정도 일했다. 협력업체가 엄청 많은 곳인데, 협력업체에 속한 사람은 모두 계약직이다. 생산 계획이 하나도 들어맞지 않는 곳이기도 하다. 퇴직금도 주지 않으려고 10개월 이상 계약도 안 한다. 수당도 하나도 없다. 그 모든 걸 기본급에 다 녹여서 기본급이 높은 편이다. 그렇지만 최종적으로는 수당을 받는 경우보다 금액이 적다.

이제 '공장1'로 옮겨 간다. 여기는 업체가 적고, 노동자들은 정규직이거나 2년 이내로만 일한다. 공장은 좀 시끄럽고 냄새가 많이 나지만 식당이 직영이라 맛이 좋은 편이다. 사람도 훨씬 많고 라인이 공장2보다 훨씬 길다. 특근보다 잔업이 많은 편이다. 기본급은 130만 원 남짓이지만 상여금이나 성과금, 명절비를 제공한다.

여기서는 완성된 냉장고에 바코드를 찍고 테이핑한다. 옆에서는 정규직인 동갑내기 친구가 설명서 같은 것을 붙인다. 더 자세한 건 알아봐야겠지만 아직은 적응 중이라 얼떨떨하다.

바코드 매칭 작업

예전에 지엠 비지회 동지들과 촛불집회를 하면서 연극을 몇 번 한 적이 있다. 한번은 함께 연극하던 모 동지가 마트 노동자 역할을 하면서 "바코드가 나인지 내가 바코드인지 모르겠다!"라는 대사를 한 적이 있는데 그 말이 요즘 완전히 와닿고 있다.

　내 공정은 '바코드 매칭'이다. 하루에 2,000대 정도 바코드를 찍어야 하는데 1대에 서너 개씩 찍는 경우도 있으니 수천 번씩 찍는 셈이다. 테이핑까지 '샤샤샥' 하려면 손이 빨라야 한다. 생각보다 체력 소모가 크다. 일이 단순해 보이지만 알아야 할 것이 많다. 아직 적응기인 터라 힘든지 안 힘든지는 잘 모르겠다. 혼자서 하는 일이라 빠듯하긴 하다.

　내 키보다 훨씬 큰 냉장고가 라인에 놓인 채 내 앞으로 오면 그걸 열어서 확인하고 바코드를 찍은 후 테이핑을 한다. 작업 자체는 괜찮은데 아무래도 새것이다 보니 냄새가 매우 역하다. 자꾸 헛구역질이 나와서 순간순간 숨을 참아야 한다. 적응하려면 한참 멀었나 보다. 성급하지 말아야지.

8시간 노동제

'평일 8시간씩 근무'

　개뿔!

　내가 일하는 공장에는, 나에게는 아직 8시간 노동제가 오지 않았다. 오지 않았다고! 8시간 노동제는 허울뿐이다. 노동을 위해 준비하는 시간까지 모두 포함하면 난 그냥 온종일 일만하고 사는 것과 다름없다. 노예의 삶과 다르지 않은 것 같다. 노동 시작 2시간 전에 일어나 10분 안에 밥을 먹고(혹은 먹지 않고), 바로 일하는 곳으로 가서 청소한 후 본격적으로 일하고, 마치고 나서 집에 가는 시간만 해도 30분……. 하루 중 14시간을 먹고살기만을 위해 쓰는 것이다. 난 먹고, 일하고, 잠만 자려고만 태어난 게 아닌데……. 8시간 노동제를 쟁취해야 한다고 100년 전 나온 책에, 150년 전 나온 책에, 200년 전 쓰인 자료에 나오던데……. 8시간 노동으로는 먹고살 수 없는 월급과 8시간 노동인 척 뻥치는 세상 안에서 살고 있다.

부자가 되는 방법

식당에 앉았다. 배식구 쪽 벽면에 걸린 커다란 전광판이 보였다. 전광판에는 날마다 여러 영상이 반복해서 뜨는데 오늘은 새로운 게 보였다. 화면에 '구성원들 부자 되기'라는 글이 떴다. 돼지 저금통과 동전도 보였다. 일하는 사람들이 부자가 되었으면 좋겠나 보다. 재테크 비법에 대해서도 알려준단다.

그런데 노동자들 부자 만드는 방법은 그렇게 어렵지 않다. 임금을 올려주면 된다. 임금도 올리고 사내 유보금도 풀면 노동자들 살림살이가 나아질 수 있다. 머리 아프게 재테크를 하지 않아도 된다. 보고 있자니 그냥 헛웃음이 좀 나왔다.

연대의 마음

통근버스를 타고 출근하는 길에 지엠 비지회 선전전을 보았다. 정말 반가웠다. 오랫동안 떨어져 지내던 친한 친구를 만난 느낌이었다.

작년 말부터 시작된 투쟁임에도 사람들이 꾸준하게 투쟁해가는 모습을 보면서 힘을 많이 얻는다. 현장에서는 답답하기도 하고 무기력하기도 하고 일에 치여서 다른 생각은 하지도 못하고, 혹시나 쪼개기 계약에 문제가 생길까 봐 항상 마음 졸이면서 일하는 중인데 이렇게 자기 목소리를 내는 사람들이 있어서 진짜 큰 힘이 된다. 나 하나 사는 게 바쁘다고 연대를 많이 못 가 죄송하게 생각한다. 최대한 비는 틈을 타서 만나 뵙고 상황도 듣고 힘도 드려야겠다!

날씨가 점점 추워져서 선전전하는 동지들이 혹여나 감기에 걸리지 않을까 걱정된다. 건강하게 투쟁하는 계절을 우리 모두 보냈으면 좋겠다!

체력을 키우자

일을 시작한 후 사람들과 안부 인사를 나누다 보면 체력이 괜찮냐는 질문을 자주 받는다. 정말 괜찮냐는 말도 듣는다. 먹고살려고 일하는 건데 괜찮고 안 괜찮은 게 어디 있겠는가. 그냥 하는 거지.

　노동자의 임금은 재생산 비용이라고 배웠다. 다음 날 노동할 수 있을 만큼만 임금을 주어서 노동자의 맥이 끊어지지 않도록 한다는 것이다. 그래야 자본가들도 계속 이윤을 뽑아내 자신들이 취할 수 있을 테니까. 일을 하다 보니 책에서 배운 사소한 내용도 실감하게 된다. 불안한 고용 조건 때문에 돈을 펑펑 쓰지 못하고 계속 비축해놓지만 일 때문에 아픈 부위에 투자하고 싶어진다. 다음 날 노동하기 위해서, 계속 노동하기 위해서라는 이유로 끊임없이 '어깨가 너무 아프니까 마사지를 받으러 갈까? 침을 맞으러 갈까?' 하는 생각이 자꾸 든다.

기계 부속품

내가 일하는 곳에서는 점심시간이 11시 58분부터 12시 58분까지다. 라인이 58분부터 돌기 때문이다. 오늘은 갑자기 11시 35분에 작업반 전체 단톡방에 카톡이 왔다. 설비 문제로 점심시간이 변경되었다는 내용이었다.

"금일 설비 문제로 중식시간을 변경합니다. 11:40~12:40입니다. 식당 이용은 11:45부터 가능합니다. 식당까지 이동시간이 5분 정도 걸리니 이 점 참고해주시기 바랍니다."

설비에 무슨 문제가 있는지 제대로 알려주지도 않고 점심시간이 변경되었다는 내용만 전달했다. 세 번째 작업 타임은 얼마나 길지 걱정되었다. 그냥 점심시간은 원래대로 하고 차라리 20분을 쉬게 해줬으면 좋겠지만 절대로 그렇게 하지 않으리란 걸 잘 알고 있다. 기계가 사람한테 맞춰서 도와주는 게 아니라 사람이 기계한테 맞춰서 무작정 생산해야 하는 곳이니까……. 마치 '기계 부속품 인간'인 것 같다.

계약직의 비애

전체 라인이 다 서 버렸다. 그래서 각 반마다 품질 교육을 들었다. 우리 쪽 반장님은 짧게 끝냈다. 판금 작업을 잘못했다나 뭐라나. 철판을 찍을 때 오류가 있었다고 한다. 신형으로 해야 하는데 구형으로 해서 라인 전체가 다 못 돈다고 했다. 정비는 10분이면 되지만 나머지는 어떻게 될지 모르는 상황이었다. 때문에 오늘 1시간 작업이 잡힐 수도 있으니 빵을 준비하라는 메시지가 단톡방에 올랐다. 점심을 왜 빨리 먹었나 싶었다. 쉬는 건 좋은데 분위기가 어수선하니 '주변 정리정돈'을 하란다. 나는 내 주변을 한 번 쓸었던 터라 딱히 할 게 없었다.

정규직들은 그냥 앉아서 핸드폰 보고 있는데 나는 좀 눈치가 보였다. 어쨌든 난 계약직이니까. 그것도 짧게 짧게 재계약하는. 자기 발로 나가지 않으면 2년까지는 일할 수 있다지만 그래도 눈치가 보인다.

무슨 일만 생기면 움츠러들게 된다. 지엠 비지회 최고참 어르신 말로는 그게 계약직의 비애라는데……. 그렇다면 나는 그 비애를 제대로 겪고 있는 셈이다.

내가 만드는 냉장고의 가격

오늘 잔업은 3시간 아니면 4시간 확정. 내가 요즘 작업하는 냉장고는 고가다. 얼마나 고가냐 하면, 1,000만 원짜리 냉장고다. 1,200만 원인데 가격을 인하해서 그 정도라고 한다. 그래서 불량이 나면 난리가 난다는 소문도 돈다. 라인도 엄청 천천히 돌린다고 한다. 아마 여기서 일하는 사람들이 6개월 동안 월급을 꼬박 모으면 그 냉장고를 살 수 있을 것이다. 잔업이랑 특근을 더하면 5개월?

　친구와 대화하다가 내가 "무슨 냉장고가 그렇게까지 비싸냐?"라고 했더니 친구가 "인건비가 포함된 거니까 그렇지."라고 했다. 내 인건비는 무척 적은데. 게다가 사용 가치는 모든 냉장고가 비슷할 텐데……. 가격이 어떻게 매겨지는지 공부해봐야겠다.

공장의 음악들

일하다 보면 갑자기 베토벤의 곡이나 모차르트의 곡이 흘러나올 때가 있다. 공정 어딘가에 문제가 생겼다는 뜻이다. 불량·정비·품절·설비 중 하나가 고장 나면 베토벤의 곡 앞부분만 반복적으로 울리는데 뭐랄까, 귀를 닫고 싶어진다.

　라인이 멈추면 <즐거운 나의 집> 앞부분이 반복해 울려 퍼지는데 그러면 괜히 긴장된다. 누군가가 일이 밀려서 라인이 멈추었다는 이야기니까 말이다. 라인이 멈추면 솔직히 편하고 좋은 면도 있다. 그래도 마냥 좋아할 수는 없는 게 잔업을 할 수도 있고, 괜히 관리자들 귀에 들어가면 다음 몇 개월짜리 계약서가 빈 종이가 될 수도 있기 때문이다.

　오늘도 괜히 심각한 척 연기하고 있었다. 그때 옆에서 일하던 아저씨가 말했다. "이제 <엘리제를 위하여>랑 모차르트 소나타랑 전부 다 혐오곡이 됐어!" 그 이야기를 듣고 같이 일하던 친구가 웃길래 나는 "차라리 노래를 끝까지 들려주던가. 고장 난 테이프처럼 왜 앞부분만 반복해 나오는 건지. 에휴."라고 했다. 지금도 4시간 가까이 라인이 서 있는 바람에 <즐거운 나의 집> 앞부분이 계속 울린다.

들을 수 없는 조회

조회 때 반장 말이 잘 안 들린다. 마이크를 사용하는데도 그렇다. 나만 안 들리는 줄 알았더니 다들 안 들리는데 크게 중요한 내용이 아닌 것 같아서 그냥 가만히 있는다고 했다. 안 들리는 중에도 교육도 하시고 전달 사항도 막 전하신다. 귀를 아무리 쫑긋 세워도 안 들린다.

인도인 친구

인도인 친구 중에 또래가 있다. 1991년생으로 한국 나이로는 스물여덟 살이다. 1년 동안 한국에 와서 일하고 있는데 12월 22일이 되면 떠난다고 한다. 가면 스물네 살인 과학 선생님으로 일하는 여자친구와 결혼도 하고 일도 계속할 거란다. 그동안 사람들에게 일 이야기하는 것 외에는 말도 안 걸고 정도 안 줬다고 한다. 동갑내기 남자애와 내가 아침에 인사해주고 이야기를 몇 번 해 줬던 게 많이 고마웠던 모양인지 인도 가서도 기억날 것 같다면서 가이드해주고 숙식 제공할 테니 여행 오라고 했다. 나보고는 언제 결혼할 거냐면서 신혼여행을 인도로 오라길래, "10년 뒤에도 내가 결혼이라는 걸 할까?"라고 답했더니 놀라면서 왜 그렇게 생각하냐고 묻는다. 한국에서는 직업이 늦게 안정되거나 늦게까지도 안정되지 못하는 경우가 많아 늦게 결혼하거나 안 하는 경우가 많다고 이야기해줬다.

　여기 오기 전 인도에서의 생활을 물어봤다. 인도에 만든 법인 공장에 다녔다고 한다. 거기서는 사무실에서 일하거나 품질검사를 위해 현장 순회를 가끔 했다고 한다. 대학에서 엔지니어링을 전공했는데 그래도 관련 일을 했던 것이다. 왜 한국에 왔냐고 하니 '트레이닝!'이라고 했다. 무슨 트레이닝이냐고 물어보니 여기 있는 공장을 체험하고 시스템을 비롯해 여러 가지를 배우기 위해서란다. 인도에는 이런 공장이 없냐고 했더니, 있는데 한국에서 배우고 오라고 공장에서 보냈단다. 월급은 적지 않은 것 같았다. 한국에서 100만 원, 인도에서 100만 원씩 기본으로 받고, 추가로 일하면 수당이 좀 붙어서 대략 220만 원 정도 나온다고 한다. 지엠에 있는 우즈베키스탄 사람들은 그 나라 월급을 받는다던데 이 친구는 좀 나은 편인가 싶었다. 일해보니 어떻냐니까 "hard!"라고 했다. 인도 공장에서는 이 정도는 아니었다면서 라인이 왜 이렇게 힘드냐고 했다. 그리고 한국인은 원하는 것은 다 만들어내는 게 신기하다고도 했다. 슬픈 거지 신기한 건 아닌 것 같다.

그 누구도 버티기 어려운 이곳에서 수천 사람이 생계를 위해 몸을 아끼지 않는다. 나도 그중 한 사람인 거고. 라인이 멈춘 덕분에 이야기도 많이 하고 좋았다. 내일도 별 탈 없이 라인이 멈춰서 쉬엄쉬엄 했으면 좋겠다는 아주 실현 불가능한 마음을 품어본다.

지엠 비지회 촛불집회에 들렀다가 집에 가야겠다.

멈춰 선 라인

5시간 35분 동안 라인이 멈췄다. 이유는 사외 부품사가 부도가 났기 때문이란다. 노동자 손씨가 1차 밴드(하청)가 부도날 수 있냐고 단톡방에 물었다. 난 부도날 수도 있고 그게 유별난 일도 아니라고 생각했다. 업체가 부도나면 잔업이 다 잘려서 돈을 많이 못 벌겠다 싶기는 했다. 또 관리자들이 똥줄 타겠다는 생각도 했다. 막상 라인이 멈추니까 쉴 수 있어 좋았지만 불안하기도 했다.

그 부품사가 부도가 난 게 세 번째이기 때문이다. 임금체불이 발생하는 일이 없어야 할 텐데 싶었다.

사진 찍히기

일하는 중에 자꾸 슬쩍 와서 사진을 찍어간다. 그때마다 깜짝깜짝 놀란다. 선임이 '아가씨 안 놀라게 찍어라~ 허허.' 했는데 아가씨라는 표현도 거슬리고 왜 사진을 찍는지 설명도 안 해주고 웃으면서 가버리는 것도 늘 찜찜하다. 내가 뭘 찍는 거냐고 다그치자 '아, 그냥 스캔하는 거 찍는 거예요.'라고만 하고 제대로 설명하지 않은 채 가버렸다. 어떤 행동이든 내 작업 자리에서 행해지는 것이라면 왜 하는지, 내 작업과 어떤 연관이 있는지 알려줘야 하지 않나? 왜 항상 일하는 사람들이 배제되는지 모르겠다. 사람이 가장 중요한데 말이다. 더구나 사진을 찍던 그 사람, 귀마개도 안 하고 있었다.

새 모델들

끊임없이 새 모델들이 나온다. 해당 모델에서 새로운 색깔이 나오면 멈칫하게 된다. 그리고 잠시 구경하면서 기존 모델과 구분하려 애쓴다. 어제는 새하얀 냉장고와 새까만 냉장고가 라인을 따라 떠내려왔다. 하얀 모양이 꼭 백사 같아서 징그러웠다. 새까만 모양은 꼭 눈이 노란 검정고양이 같았다. 보다 보니 무섭다는 생각이 들어 후다닥 작업을 마무리했다.

하루하루가 생존을 위한 투쟁

일이 점점 손에 익어 간다. 수많은 냉장고 모델을 일일이 잘 몰라도 정말 큰일이 있지 않는 이상 바코드를 찍어가면서 라인이 멈추지 않게 일할 수 있음을 알았다. 날이 갈수록 냉장고 모델도 하나하나 외우고 설명서 고유번호도 그 자리에서 외워서 체크시트와 맞춰 일할 수 있게 되었다. 여기서 일한 지도 이제 곧 한 달이 된다.

첫날, 반장님이 '누구든 할 수 있는 일이다. 버티기만 하면 된다. 2주는 꼭 나와라.'라고 말해줬다. 처음에는 일이 쉽지 않았고 나 말고도 대체 가능한 일이라는 생각에 기를 펴지 못했다. 잘해야겠다는 생각에 더 긴장하기도 했다. 동갑내기 친구 L과 대화하던 중 이제 곧 월급인데 얼마나 받냐 물어보니 200만 원 남짓 될 것이라 했다. 수당을 다 합쳐 그 정도라고 했다. 잔업이 많으면 20~30만 원 더 붙는데 요새 안 하니까 안 나올 것이라고 했다. 정규직들도 비슷한지 물었더니 비슷하게 받는데 '근속수당'에서 차이가 난다고 했다.

당장 그 수당이 엄청 커 보였다. 누구든 잘할 수 있는 일인데 정규직이라 수당이 붙고 파리 목숨 계약직이라 수당이 안 붙는

식으로 차이가 난다니. 난 여기서 계속 일하고 싶지만 정규직 전환을 해주기 싫어 자를 거면서. 현장 밖과 현장 안의 모습이 생각보다 많이 다르다. 물론 정규직과 그렇지 않은 조건에 놓인 사람들이 받는 차별이 이것뿐이겠냐마는.

이번 달 말에 재계약을 해야 한다. 두세 달 단위 쪼개기 계약으로 2년가량을 버텨야 한다. 밥 한술 배 속에 넣기 참 힘든 세상이다. 하루하루가 생존을 위해 투쟁하는 듯하다.

주말을 기다리며

한 주의 노동이 마무리되는 금요일. 누군가에게는 별일 아닐 수 있지만 나한테 엄청 창피한 일이 일어났다. 라인에 나보다 훨씬 큰 냉장고가 떠밀려 내려오는데, 크기가 가지각색인 냉장고 때문에 일어난 일이다. 냉장고는 모양의 특징에 따라 L, J, X 등의 이름이 붙고 그 뒤에 숫자가 248, 308 등으로 이어서 붙는다. 앞에 숫자가 작을수록 냉장고 크기가 작다는 의미다.

냉장고 전체 바코드를 인식한 다음 냉장고 내부에 있는 몇 가지(호스, 설명서, 필터 등) 바코드를 매칭하면 되는데 냉장고가 작을 때는 전체 바코드가 인식을 잘 못하기도 해서 내가 들고 있는 기계로 직접 인식시켜야 한다.

원래는 냉장고를 앞으로 밀어주는 기계가 있었던 것 같다. 내 옆옆에서 일하는 정규직 언니가 먼저 이 일을 하고 있어서, 일 시작하던 초반에 설명을 해주긴 했는데 그때는 일하던 상황도 아니어서 제대로 듣지 않았다. 오전 타임 내내 큰 냉장고와 작은 냉장고가 번갈아가면서 내려오는데 작은 냉장고를 인식하지 못하는 일이 너무 잦았다. 빨간불이 띠링띠링 하면 다시 인식시키고 라인이 흐르게 하는 바코드를 찍어 매칭했다. 작은 냉장고 하나가 내려오고 큰 냉장고 3대가 내려오면, 큰 것들을 다 처리하고 후다닥 앞으로 가서 작은 냉장고를 처리하고 다시 후다닥 내려가서 다음 냉장고를 처리하기도 했다. 그렇게 버벅거리는 라인에 맞춰 일하느라 오전 타임 내내 바빴다. 오늘따라 무릎도 왜 이렇게 시린지. 점심에 떡국을 먹고 일을 하러 가는 데 결국 문제가 생겼다.

　냉장고 1대를 처리하고 났는데, 또 띠링띠링 하길래 매칭하러 가보니 작은 냉장고와 큰 냉장고가 딱 붙어서 내려오는 거다. 손 하나도 들어가지 못할 정도로 틈이 작았다. 놀라서 조장에게 전화하니, 신호음이 가는 사이에 라인이 다 밀렸단다. 가까스로 냉장고를 밀어내고 처리한 다음 나머지는 옆에서 일하는 두 명의 도움을 받아 해결했다. 멘탈이 좀 돌아올 때쯤 되니 현장 사무실 사람들이 죄다 나를 쳐다보고 있었다. 너무 민망하고 창피했다. 이런 경우에는 컨베이어 벨트를 밟고 넘어가서 뒤에서 찍고 다시 올라오라는 말도 해준다. 조금 빠르게 움직이면 가능할 것 같다. 안전교육을 받을 때, 움직이는 컨베이어 벨트를 밟지 말라고 들었던 것 같은데.

　이후 작은 냉장고들이 또 말썽을 부려 옆옆 언니가 반장에게 전화했는데, 얼마간 말썽이 끝나지 않다가 막타임에 와서야 괜찮아졌다. 냉장고를 좀 띄엄띄엄 두니 괜찮았다. 욕심 내지 않고 냉장고를 떨어뜨려 놓았다면 문제가 생기지 않았을 것이다.

　너무 피곤해서 이후 일정 하나를 취소하고 집에서 좀 잤다. 주말에 쉬면서 책이나 몰아 읽어야겠다. 그래도, 이제 주말이다.

모쪼록 다치지 마시길

지난주에 마무리된 '비정규직 그만쓰개' 공동투쟁 사람들이 자꾸 생각난다. 오늘은 일하는 내내 머릿속에서 맴돌았다. 경찰들이 사람을 내동댕이치던 모습, 검찰청에서 연행해가던 모습, 아침 뉴스에 나오던 비슷한 뜻을 가진 사람들의 모습……. 인간으로 살기 위한 그 처절한 몸부림이 생각나 라인이 멈출 때마다 메모를 남겼다.

"노동자는 노동력을 팔아 자기 삶에 필요한 미미한 임금을 받는데, 그마저도 제대로 보장받지 못한다. 불안한 일자리를 전전하며 삶을 살아간다. 선택한 적 없어도 신분제처럼 얽매인 굴레 속에 가진 것은 몸뚱이 하나. 그 몸뚱이로 노동해야 목구멍에 거미줄을 안 친다는데 그마저도 내팽개친 채 온 삶을 바쳐 헌신하는 투쟁의 길 위에 서 있는 모든 동지가 대단하다 느껴진다. 나는 그리 살 수 있나. 모쪼록 다치지 마시길. 우리 모두에게 필요한 당신의 생이 지속되길 간절히 바라니까. 투쟁의 길을 끝까지 걸어가길 바라니까."

"여자는 안 돼"

친구와 대화하다 "여기서는 여자는 조장, 반장 안 시켜. 진짜 급하면 모를까." 하는 이야기를 들었다. 왜냐고 묻고 싶었지만 나올 수 있는 대답이 거기서 거기인 것 같아서 묻지 않았다. '여자는 안 돼.' 이렇게 가까운 곳에서 벌어지고 있었다니.

두통약과 빨간 통

주말에 잘 쉰 덕분에 월요일은 잔업을 해도 몸이 날아갈 듯 가벼웠는데 엊그제와 그제는 잠을 잘 못 자서 그런지 손이 차갑다 뜨거웠다를 반복하고, 머리도 무거운 것을 넘어 어지러워서 몸을 숙이는 것조차 어려웠다. 토할 것 같아 일할 때 틈틈이 먹으려고 챙겨왔던 젤리를 한 봉지도 다 못 먹었다. 요새 잘 먹고, 잠이 부족하기는 해도 수면 질이 좋은 편이었는데 왜 이럴까. 근육통까지 있는 걸 보니 몸살이려나. 구해놓은 해열제가 진통제라서 먹기 망설여지지만 잔업까지 있으니 먹어야지. 이래서 우리나라 사람들은 약 복용 비율이 높은가 보다.

동갑내기 친구에게 머리가 아프다고 말하는 걸 옆에 아저씨가 들으셨는지 두통약이라며 주셨는데, '마약성진통제'였다. 내가 망설이니 라인 도는 곳까지 따라오셔서는 약사 친구가 괜찮다고 했다면 자꾸 권하셨다. 할 수 없이 먹겠다 하며 휴지에 싸 놓았다. 검색해보니, 만성투통에 쓰이는 마약성 약이었다. 할 수 없이 조장에게 연락해 몸 상태를 말했는데, 진통제도 없다 하고 잔업을 빼주겠다는 말도 없다.

맞은편에서 일하는 인도인 동료가 갑자기 내게 빨간 통을 내

밀더니 "머리 아파?"라고 물으며 그걸 목에 바르라고 했다. 인도 민간약 같은 거란다. 통에 써 있는 언어를 하나도 읽을 수 없어서 불안했다. 그러는 중에 우리가 나눈 대화는 모두 영어로 이뤄졌다. 믿기 어렵겠지만. 마음은 고맙다만, 1T만 버티어야겠다. 뒤에 일정까지 마무리해야 맘 편히 잘 수 있을 테니까.

상처와 위로

오늘은 한 노동자에게 상처를 받았다가 다시 다른 노동자한테 위로를 받은 날이다. 위로해준 노동자한테 정말 고마웠다. 표현하기 어려울 정도로. 그리고 그런 태도를 배워야겠다고 생각했다. 단순히 정신력을 키우려 하기보다 생각 체계를 정리해야겠다.

라인 상황이 잠깐 어긋날 때도 척척 대처해야 하는데 그 정도는 하지 못한다. 아직 일한 지 한 달 반밖에 안 된 내게 '일러줬으니 알지 않냐, 생각 없이 일하냐, 센스가 없네, 눈치껏 해라, 너가 못해서 내가 욕먹는 것이지 않냐' 등을 거침없이 내뱉는 '동안 언니'의 말 한 마디 한 마디가 스트레스다. 사실 어려운 상황에서 제일 힘들고 속상한 건 난데.

사람마다 배우고 숙달되는 시간이 반드시 필요하며, 그 방식도 조금씩 다르다. 하지만 이곳은 라인이 잘 돌아가서 자신에게 피해가 없기만을 바라는 곳이니까. 10개월을 일해도 버거운 건 마찬가지라고 말해준 친구에게 정말 고마운 마음을 전하고 싶다.

내게 힘이 되는 노래

일하다 보면 육체적인 피곤보다 정신적 피로로 힘들 때가 종종 있다. 일을 시작하기 전에는 '체력이 잘 버텨낼 수 있을까?' 하는 물음이 주를 이뤘는데 이제는 '내 정신력이 버텨내줘야 할 텐데.' 하는 생각이 훨씬 자주 든다.

아침에 출근하면 일할 준비를 해야 한다. 일할 준비를 하면서 청소도 하고, 먼지도 쓸고, 바코드 매칭기도 꺼내놓고 귀마개도 꺼내고, 제전 장갑과 면장갑을 다 꺼내서 올려놓는데 그러다 보면 어느새 시간이 훌쩍 흘러 있다. 잠시 멍하니 있다가 조회를 하러 간다. 그러다 요즘은 이어폰을 아침마다 챙겨가기 시작했다. 아침에 일하는 준비 시간은 전부 내 시간이니 노래를 들으며 하자 싶었고, 실제로 해보니 생각보다 활기차게 하루를 시작할 수 있었다. 주로 듣는 노래는 노동예술단 선언의 노래들이다. 듣다 보면 혼자 울컥하다가 다짐하다가 그런다. 가사가 마음에 막 펼쳐지면서 고마운 순간이 떠오른다. 나 같은 노동자가 들을 수 있는 노래, 향유할 수 있는 음악이 있어서 얼마나 좋은지 모른다.

노조 대의원 선거 날

오늘은 8시 50분부터 일을 시작한다. 이유는 공장 안에 있는 '노조 대의원 선거' 때문이다. 이곳에도 노조가 있기는 있다. 다만 어용에 한국노총 소속이라서 제 기능을 못하고 있을 뿐이다. 잔업과 특근은 거부하기 어렵고, 라인 속도를 노동자들이 조절하지 못해 혼날 때면 마치 어린아이가 예절을 처음 배우는 모습 같다. 현장을 작업자가 틀어쥘 수 없으면 당연하지 않냐고 하겠지만 그래도 많이 심한 편이다. 답답할 정도로 고요하고 갑갑할 정도로 조용하다. 상황이 이러니 아무리 형식적인 선거라도 한다는 것 자체가 신기할 따름이다. 덕분에 일을 늦게 시작해서 좋기도 하다. 휴게실에 앉아서 어묵도 먹고 쉴 수 있으니까.

물론 나 같은 계약직들은 도어 가조립반의 휴게실에서 오골오골 모여서 쉬어야 한다. 배급받는 어묵 양도 적다. 조금 늦게 왔더니 먹지도 못할 정도로 배분했다.

옆에 아저씨가 자신은 알바라면서 비정규직도 아니라고 웃었다. 그러면서 "에이, 맘에 안 드는데 다 째뿌고 집에 갈까?" 이러신다. 그 옆에 있는 동갑내기 친구는 허허, 하고 웃고 넘긴다. 다들 같은 마음으로 차이와 차별을 느끼고 있을 텐데. 개개인이 모여서 뭉쳐야 행동할 수 있을 텐데. 내가 보고 경험하는 이곳이, 부당함을 말하는 것조차 어렵고, 뜻을 모으기가 버거운 이곳이 현실이다. 그러니 현실에서 발 딛고 시작해야지. 허공에서 허우적거리면 아무것도 안 될 테니까.

그나저나 오늘 잔업은 3시간 아니면 4시간이다. 그 비싼 냉장고 작업으로 잔업하는 날이다. 이제 쉬는 시간이 50분 남았다.

직원들에게 판매하는 공장 물건들

어딘가에서 주워들은 말이라 확실하지는 않지만 생각할수록 아무런 근거가 없는 것 같아 몇 자 적어본다. 이곳은 냉장고·건조기·노트북·핸드폰·탁기·청소기 등의 가전제품을 만드는 공장이다. 이 중 핸드폰이 정말 안 팔린다고 한다. 17분기나 적자가 났다고 한다. 이에 그 적자를 그나마 잘나가는 냉장고와 세탁기의 이윤으로 메운다는 말이 돈다.

17개월도 아니고 17분기가 적자면 사업을 접을 만도 한데 들인 투자비용이 너무 많아서 그러지 못하고 있단다. 그리고 다른 경쟁사들과 경쟁하고 있으니 접는 게 더 어렵단다. 이에 할 수 없이 핸드폰을 직원들에게 강매하기도 하고, 식당에 홍보 부스를 차리기도 하는 것이다. 이런 방식으로 이윤을 내는 것을 어느 책에서 본 적이 있는데, 예나 지금이나 자본주의사회가 굴러가는 방식은 모두 똑같은 듯하다.

3개월짜리

오늘 3개월짜리 계약서를 썼다. 이거 하나 못 적을까 봐 은근히 마음 졸였는데 이제 내년 2월까지는 안심이구나 싶다. 2개월짜리 계약서에 3개월짜리 계약서를 몇 번 더 적으면 난 버려질까? 어쨌든 수명을 연장해서 참 다행이다.

　　양치하러 가는 길에 만난 반장님께 목례로 인사하니 "다 하고 계약서 적으러 오너라." 하시는데, 그 말에 아침부터 있던 두통이 사라지는 것 같았다. 물론 계약서를 적고 나자 다시 두통이 시작됐지만. 작게 살아야지. 언제 잘릴지 모르는 몇 개월짜리 생활들.

라인3이 라인1로

야간조가 생겼다. 냉장고를 생산하는 이곳에는 라인이 총 3개다. 일단 내가 알기로는 그렇다. 내가 속한 곳은 라인1이다. 그런데 라인3이 최근에 공사를 하는 바람에 그곳에서 일하던 사람들이 일할 곳이 사라졌다. 결국 라인3에서 일하던 정규직 사람들만 라인1로 와서 야간작업을 3주간 하게 됐다. 야간작업자들도 잔업 2시간까지 꼬박 다 채워야 한다. 이제 공장 불이 24시간 켜지는 것이다.

지난주 금요일에 "재작업이 많아졌다."라고 하던데 이는 작업한 것 전체를 다시 재작업해야 한다는 의미다. 사실 이런 일이 벌어진 건 너무 당연하지 않을까? 밤 새면서 일하니 당연히 집중력이 떨어지고 몸도 축나니 불량이 늘어날 수밖에. 게다가 평소 일하던 라인도 아니니 말이다. 내가 보고 들은 내용을 종합해보자면(잘 못하는 일이긴 하지만!) 신모델을 진작 생산했어야 했는데 이런저런 오류로 미뤄졌다. 거기에다 12월 한 달 생산량 중 그 모델만 2만 9,500대로 꽤 많이 잡았다. 심지어 일주일 중 하루는 내내 그 모델만 생산하기도 했다. 야간에 일하면 생길 수밖에 없는 여러 가지 어려운 상황을 잘 견뎌내고 아무 사고 없이 사람들이 무사히 일하다가 라인3으로 돌아가면 좋겠다.

이유 없이 받아들인다는 것

일하고 있는데 라인이 돌지 않았다. 앞에 있는 공정에서 무슨 일이 있었겠거니 싶었는데, 내 바로 뒤에 있는 공정에서 일하는 친구가 손짓하더니 "쉬는 시간 당겨졌대!"라고 한다. 단톡방을 확인하니 쉬는 시간이 15분 당겨졌으니 참고하라는 반장의 톡이 날아와 있었다. 왜 당겨졌는지, 작업에 어떤 문제가 있는지 등에 대한 언급은 없다. 둘러보니 궁금해하는 사람도 없는 것 같다.

모든 상황을 이유 없이 받아들이는 것에 너무 익숙해져 있는 듯하다. 그냥 받아들이는 것만큼 쉽지만 위험한 일도 없겠지만, 어쩔 수 없구나 싶다. 물었다가 내가 이상한 사람이 될 것만 같아 나도 가만히 있었다. 힘이 없으니, 모든 작업자가 작업에 대한 지배권이 없으니 주눅이 든다.

무엇이 상식일까

화나는 일이 있었다. 아니, 과거형이 아니라 현재형이다. 그리고 미래형일 수도 있다. 무슨 일이냐면, 연말에 2년 계약이 끝나가는 계약직을 소리 소문 없이 잘라버렸다. 법인 연수생이라고 해외 법인에 있는 사람들을 데려다 그 나라 임금만 주고 잔업을 마구 시키면서 부려 먹는 경우가 있는데, 그에 해당하는 외국인들이 계약 만료로 모두 본국으로 돌아간 것이다. 이에 각 반마다 사람들이 평소보다 훨씬 줄었고, 공장에서 취한 조치는 한 달짜리 계약직을 중간중간 뽑아서 쓰는 것이었다. 원청 정규직도 계약직도 아닌 업체 사람이 옆에 서서 일하다 보니, 동선이 짧아져서 일하기가 불편하고 다시 적응해야 하는 어려움이 있었다.

그들은 1월 2일부터 일을 시작했는데 조용한 날이 거의 없다. 불량·공정·설비·품절 중 하나에 계속 불이 들어오면서 문제가 생겼다고 <엘리제를 위하여>가 나오니 귀가 시끄러워 죽겠다. 특히 설비에 문제가 있는지 기계가 자주 멈춘다. 냉장고 전체에 불량이 나면 또 라인이 멈추는데 그 횟수가 엄청나다. 그걸 보고 전체를 맡는 계장이 크게 화를 냈다. 불독처럼 생겼는데 정말 개가 짖는 모습 같았다. 그가 내린 방안은 이제 상식 이하의 품질 저하가 나올 경우에는 자신과 1 대 1 면담을 한다는 것이었다. 그 '상식 이하의 품질'에서의 상식은 다름 아닌 '누락과 바뀜'이다. 이해가 안 된다. 그렇게 라인 속도를 땡겨놓고 누락시키지 말고 바뀌면 안 된다고? 실수는 누구나 하는 것이고 숙련공도 실수는 할 수밖에 없는데, 한 달짜리 계약직들이 일한 지 고작 일주일밖에 되지 않은 상황에서 그게 말이 되는지. 그것이야말로 바로 상식 이하가 아닐까?

냉장고 뒷편에 파이프 밀어넣는 공정을 하는 동생은 원래 의자에 앉아서 일한다. 그러다 보니 퇴근할 때는 오히려 앉지 않으려고 한다. 허리가 아프단다. 그런데 이 친구가 갑자기 뛰어다니기 시작했다. 이유는 앞 공정 사람들이 다 한 달짜리 계약직이라서 불량이 나오니 자기 차례 때 자기 공정하면서 메우기 시작한다는 것이었다. 괜찮다고는 하지만 정신없고 전혀 안 괜찮아 보인다.

또 다른 동갑 친구도 힘들어졌다. 간신히 적응했던 인도 친구가 떠나서 마음도 슬프단다. 합을 맞춰주고 부당하면 따져주기도 했던 친구였다고 했다. 그 친구가 주장하길 혼자서 일하면 매우 버겁지만 다른 한 사람이 더 있으면 괜찮은데, 이번에 함께하게 된 두 동료는 한 달만 하다 가는 데다 서로 맞지 않아 힘이 많이 든단다. 어지간하면 다 괜찮다고 답하던 친구가 이렇게 말하니 걱정됐다. 겨우 적응하기 시작하면 또 새로운 사람이 들어올 테니 더 힘들 것 같아 걱정이다.

거부하거나 반항하지 않고

오늘은 연속 열흘을 일한 마지막 날이다! 진짜 모든 마음을 내려놓고 날짜와 시간을 잊어가면서 임했다. 잔업을 기본적으로 2시간 이상 하다 보니, 사람들 입에서 힘들다는 말이 계속 나온다. 화장실만 가면 어디어디가 아프다는 이야기가 들려오고, 서로 파스를 붙여주고 몸 상태를 봐주는 이모들도 어디든 볼 수 있었다. 나는 주 52시간을 다 채운 것도 아닌데, 이모들보다 나이도 어린데 힘이 든다. 옆에 삼촌뻘, 오빠뻘 되는 오래 일한 정규직 노동자들도 모두들 "나도 사람인데 힘들지." 이러신다. 그래도 거부하거나 반항하지 않고 다 일한다. 노예와 노동자의 닮은 점이 이런 걸까.

목요일에는 금요일까지만 일하면 된다고 혼자 좋아했는데, 사실 목요일 아침부터 왼손이 잘 안 펴져서 당황했다. 금요일 새벽에는 세 번 넘게 깼는데 잠이 안 와서 자야 한다고 채찍질하면서 잠들었다. 아침에 일어나니 온몸이 욱신거렸다. 탄력근로제를 확대 적용하겠다는 기사가 생각나서 힘도 빠졌다. 주 60시간 일하는 건 그냥 일하다가 죽으라는 거다. 돈 벌어서 쓸 시간도 없이 그냥 일하다가 죽는 거다. 옆에 언니도 "손가락이 병신될 것 같다"는 소리를 웃으면서 하고, "일은 다 힘든 거다."라고 이야기하던 친구도 라인이 잠깐 멈추면 주저앉아서 고개를 숙인 채 자주 쉰다. 주 50시간과 주 40시간은 일하고 났을 때 몸 상태 차이가 크다. 장시간 노동이 꼭 노동자들을 육체적으로만 힘들게 하는 게 아니라 정신적으로도 별다른 생각을 하지 못 하도록 통제하는 것과 같다. 일하는 친구들끼리 모여 놀고 이야기하려고 해도 잔업 끝나고 쉬러 가기 바쁘고, 괜찮냐고 안부만 묻는 사이 다른 이야 기들을 할 수 있는 기회도 사라진다. 노동시간을 줄이는 것, 임금 은 그대로인데 장시간 노동을 없애는 것. 살기 위한 몸부림인 듯 하다.

이상하고 이상한 품질서약식

지난 월요일에 이상한 걸 했다. 품질서약식이라고 해서 서약서를 적고 선서를 한 것이다. '우리 모두 품질 높은 제품'을 위해 일하는 것이란다. 이 공장 1층에서 일하는 모든 사람, 즉 정규직·계약직·업체 사람들이 모두 나와 선서식을 하고 총책임자의 훈화 비슷한 것도 들었다. 보는 내내 민망하고 좀 이상했다. 좋은 품질은 편안하고 안정된 상황에서 일하면 충분히 보장될 수 있는 것 같은데. 이렇게 선서식을 한다고, 서약서를 적어 제출한다고 가능한 일은 아닌 것 같은데. 결국 나는 진심 없이 혼나지 않을 만큼만 했다. 옆에 친구 말로는 매년 하는 행사라고 했다.

훈화 중 "요즘 취업률이 매우 낮은데 그래도 이곳에 있는 사람들은 일하고 있으니 얼마나 다행이냐. 그러니 열심히 일하자!"라는 말이 나오는데 웃음이 났다. 그리고 이번 해에 물량도 많다면서 열심히 일하자는 말도 들었다. 아무튼 이상했다.

나무관세음보살

점심을 잔뜩 먹고 양치하러 화장실에 갔다. 점심시간이 끝나려면 20분 넘게 남았는데 화장실 안이 부산스러웠다. "몇 시고?" "35분이다!" "아이고 빨리 가야겠네." 우왕좌왕하는 이모들께 무슨 일인가 싶어 여쭈니, 40분이나 45분에 먼저 라인을 돌린다고 했다는 것이다. 어느 반의 일인지 다시 여쭈니 도어반이란다. 새해 첫날부터 3시간 잔업하던 곳이자 아침에 조회하고 있으면 이미 작업하고 있던 곳이다. 게다가 그곳은 라인이 천천히 도는 것도 아니다. 갑자기 한 이모가 "나무관세음보살"이라 외쳤다. 0.2초 정도의 정적이 흐른 후 다들 빵 터졌다. 이모는 "나무관세음보살이 아니면 우째 일하겠나!"라며 립스틱을 바른 뒤 후다닥 뛰어가셨다.

　현장에서 아닌 건 아니라고 말하지 못하는 때에는 믿지도 않는 신을 찾거나 도를 닦으며 수행하는 기분에 들어선다. 문제라 여기더라도 어떻게 논의하고 행동할지 방법을 찾지 못하는 한, 바뀌는 건 없으니 결국 수긍하고 일하는 수밖에. 내가 지금 당장 요구하고 싶은 건 정시에 일을 시작해서 정시에 일이 끝나는 것이다. 아멘, 나무관세음보살.

월요일에 있었던 일

지난주에도 그랬는데 어제도 그랬다. 정해진 쉬는 시간에 쉬지 못한 것이다. 설비가 고장 났다거나 부품 공장에 차질에 생기면 바로 라인을 세우고 쉬는 시간을 앞당긴다. 예전에 "마른 수건도 쥐어짜면 물기가 나온다."라고 주장하던 도요타 회장의 말이 생각났다. 아무튼 일본 자동차 공장에서는 기계가 멈추는 때가 점심시간이라고 했다. 일본은 도시락을 싸갖고 다니기 때문에 라인이 서면 그 자리에서 도시락을 꺼내 먹는다는 것이다. 국내 공장처럼 구내식당이 드물다고 전해들었다. 그걸 듣고 경악을 금치 못했는데 내가 당하고 있다.

　아침에 체조하고 있는데 갑자기 조장이 라인이 도니까 자리에 가라고 했다. 라인이 10분 빨리 도는 날이었던 거다. 금요일에 재작업을 해서 라인에 냉장고가 없어 좋았는데 아무튼 빨리 생산해야 하니 체조도 하다 말고 조회도 생략하고 자리에 왔다. 10분 더 일했다고 그만큼 돈을 더 주는 것도 아니고 더 쉬는 것도 아니다. 심지어 미리 양해를 구한다는 통보도 받지 못했다. 그런데도 다들 아무 말 없이 한다. 일 시작 초반에는 그래도 정규직이라 좋겠다고 생각했는데 이런 식의 정규직이라면 하나도 부럽지 않다. 시키면 이유 불문하고 다 해야 하는 처지라면 너무 끔찍하다.

아침에 집 나설 때까지는 괜찮았는데 점점 온몸이 쑤셨다. 너무 심각하게 쑤시니까 '아아' 소리가 절로 나왔다. 마스크도 썼고 기계 소리도 크니까 아무도 못 들었지만 정말 너무 아팠다. 두통이 시작되더니 눈도 잘 안 떠지고, 팔다리 쑤시는 데다 허리 통증까지 있어서 서 있는 게 힘들었다. 첫 타임이 끝나고 진통제를 하나 먹었다. 괜찮아지나 싶었지만 속도 메슥거리고 헛구역질까지 나왔다. 점심을 안 먹고 지났는데 이후 진통제 효력이 떨어지는지 다시 아프기 시작했다. 일단 동갑내기 여성 동지에게 메세지로 물어봤다. 많이 아프냐고 되묻더니 자주 빼달라고 하면 위에서 안 좋아할 거라고 했다.

그 친구는 생리통이 엄청 심한 편인데 10년 가까이 회사에 다니는 동안 딱 한 번 오후에 나가봤다고 한다. 생리휴가가 없냐고 물으니 있긴 있는데 아무도 안 쓴다고 했다. 쉬었던 날도 생리휴가가 아닌 일반 조퇴로 처리되었다고 했다. 결국 나는 3시간 잔업까지 하고 응급실에 갔다. 다행히 독감 증세처럼 보이지만 독감은 아니고 심한 몸살감기라고 했다.

여기는 너무 무법천지다. 서열 높은 관리자가 봉건 영주 같다. 그래도 이름 좀 나 있는 곳이면 괜찮을 줄 알았더니 어림없다. 그래서 노조가 필요한 것 같다. 노동자들의 생존권을 높이려면 뭉쳐서 싸우고 쟁취하고 유지하는 것이 살길이라는 게 피부로 와닿았다. 일하면 할수록 길이 더 또렷해진다.

생산량이 늘어도 기쁘지 않네

라인이 쉰 다음 주는 엄청난 생산을 자랑한다. 화요일쯤 갑자기 잔업을 하면 생산량이 2,000대에서 2,100대로 늘어난다고 했다. 이에 대해 일방적으로 통보받았다. 노조가 있는 곳에서는 생산 협의를 하겠지만 여기는 상상도 할 수 없는 일이다. 잔업 시간은 더 늘리지 않고 라인을 더 빨리 돌리겠다고 하자마자 사람들이 조용한 목소리로 "지금도 빠릅니다." 하니, 조장이 더 빨라질 거라고만 할 뿐 별다른 말을 하지 않았다. 1월 2일부터 갑자기 늘어났다. 작년에는 잔업하면 1,800대이고 안 하면 1,530대였는데. 게다가 라인에 빈틈이 없다. 냉장고도 다닥다닥 붙어서 내려오고. 오늘 재채기를 한 번 했더니 라인이 밀렸다. 화장실에 가고 싶거나 문제가 생기면 전화하라는데 연락을 할 수가 있나.

　3월까지는 바쁘니 일정을 조절하려고 했는데, 이런 상황이면 4월 이후도 장담 못한다. 새 제품 계약까지 체결되면 정말 끝장이다. 연이어 일한 지 7일째다. 10일도 해봤으니 8일은 괜찮을 거라 생각한 게 오산이다. 70시간은 너무 힘들다.

구경거리가 된 기분

내가 일하는 곳은 메인 통로 쪽인데, 일을 시작한 초반부터 느낀 점이 있다. 예전에 제국주의로 진입하던 시절 세계 만국박람회를 개최하며 일본은 조선인을 데려와 앉히고 구경하라고 하고, 유럽인들은 아프리카인들 데려다 놓고 구경하라고 했던 그 야만적인 모습이 생각나는 것이다. 제국주의 국가들이 자신의 기술을 뽐내기 위해 온갖 노동력을 착취하며 건물을 짓고 허물고 다시 짓던 그때.

바이어가 외국인들이 일하는 것을 구경하러 오고, 사무직이 인기척 없이 와서 멍하니 구경하다가 가고, 미리 온다는 걸 알릴 때면 일하기 불편해도 대차를 치우고 주변을 정리하며 보여주기 식으로 더 바쁘게 움직이고.

그럴 때마다 동물원에 있는 동물이 된 것 같다. 일하는 사람에 대한 배려가 너무 없다. 그런 배려는 경험해본 적도, 본 적도 없다. 어차피 나는 내 옆 동료와 영 꺼림칙하다고 이야기 나눌 수밖에 없는 쪼개기 계약 노동자니까.

퇴직하는 사람들의 의식

어제 정년퇴직하는 사람들의 퇴임식이 열렸다. 여섯 명 정도였던 것 같다. 다들 1985~1987년부터 일을 시작해서 지금까지 30년 넘게 일한 것이니 대단하다 싶기는 했다. 1987년 노동자 대투쟁 때 이 공장도 장난 아니게 들썩거렸다던데 그런 역사적 순간도 함께했던 거겠지? 그 이후에는 일만 했겠지만 노동자가 혁명적이지 않으면 아무것도 아니라는 말이 '툭' 하고 떠올랐다.

　퇴직자들에게 한 마디씩 들어보는 시간을 가졌는데, 마이크를 잡고 한다는 이야기가 대부분 '건강해라.' '성실히 살아서 여러분들도 무사히 정년 때까지 일하면 좋겠다.' 등이었다. 계장은 회사 발전에 이바지한 선배들의 노고에 감사드린다면서 관리자들끼리 사진도 찍었다. 그 뒤에 모세의 기적이 열리듯 가운데 길이 열리면서 퇴직자들과 후배들이 악수하는 시간을 가졌는데 그때 가까이에서 그들의 얼굴을 봤다. 깜짝 놀랐다. 너무 젊었다. 못해도 25년은 더 일하실 것 같은 모습이었는데 정년퇴직을 한다니.

　평균 수명이 80세인 시대에 60살에 퇴직하고 새로운 인생을 준비하려면 허무하겠구나 싶었다. 매일 출근하던 그 길이 사라지면 사회에서 소외된 것 같다고 느낄 듯했다. 자본주의사회가 사람을 소외시키는 건 당연한 일인데도 말이다.

밥을 먹는데 옆에서 일하는 언니가 여기서 정규직 달고 싶냐면서, 그러면 젊음이 아까울 것 같다고 했다. 요즘 안정적인 일자리가 없다지만, 젊음을 다 바쳐서 일해도 나한테 남는 건 하나도 없고, 일할 수 있을 정도로 팔팔하더라도 회사에서 버려지는 상황 아니냐 했다. '버리는 의식을 왜 그리 거창하게 치르는지.' 하며 말끝을 흐렸다.

정년을 바라보셨을 나이의 아버지가 갑자기 떠올랐고, 은퇴하면 사춘기나 오춘기가 찾아와 가족을 괴롭힌다는 몇몇 친구들의 말이 떠올랐다. 노동은 중요하고 소중한데, 이렇게 버려지는 게 속상했다.

새로 온 중국 법인 연수생

공휴일인 3월 1일에도 나는 일했다. 인천에서 일하는 동지가 빨간 날은 '돈 많이 받고 일하는 날'이란다. 뭐 남들 일 안 할 때도 일 시키고 남들 일할 때도 일 시키고. 난 선택의 자유가 없다.

옆에 새로운 사람이 왔다. 에어 불던 언니가 다른 곳으로 가고, 중국인이 온 것이다. 그나마 내가 되는 언어가 한국어와 영어(조금)인데 이 중국인은 영어와 한국어 둘 다 못한다. 정자인 한자도 못 알아보는 것 같다. 아니면 내 한자 필체가 엉망이어서 그러거나.

반장 오브 반장이 그 중국인에게 일을 시키는데 인상을 쓰면서 화를 냈다. 예전에 언니한테는 안 그랬는데. 근데 말을 못 알아듣는 것 같았다. 장갑도 안 주고 마스크도 안 줘서 내 장갑 한 팩을 주면서 마스크도 먼지 많다고 번역기 돌려서 보여줬다. 화장실을 다녀와 보니, 내 물통에까지 물을 받아줬다. 고마웠다. 그렇게 빨간 날이 끝났다.

월요일 아침에 청소한다고 했는데 정규직 언니가 평소처럼 나쁘게 말했다. "여기는 아예 청소 안 해?" 이렇게. 굳이 그런 어투와 그런 표현을 쓰지 않아도 될 텐데. "다음번에 꼼꼼하게 할

게요."라고 답했다. 일을 시작하는데 내게 얼굴을 찡긋찡긋 하면서 "저 애 일 열심히 안 하는 꼴통이니까 아침에 청소 같이 하자고 해."라고 말한다. 그냥 같이하라고 해도 되는데 '꼴통'이라니. 아무리 한국어를 못 알아듣는다고 하지만 한 라인에서 같이 일하는 사람인데……. 그래서 내가 "한국어와 영어 모두 할 수 없어서 말하기가 어려울 것 같아요."라고 답했다. 그러자 정색하고 "보디랭귀지로 해. 같이 청소해야지." 이랬다. 알겠다고 마무리했지만 본인도 안 하면서…….

사람 갈라치기는 외국인이든 한국인이든 하면 안 되는데. 국제화니 세계화니 하지만 정작 우리 옆에는 아무것도 없다. 시야를 더 넓히고 싶다는 생각이 들었다.

불법파견이 뭐죠?

드로어를 넣는 친구에게 직접 생생하게 들은 이야기다. 그 친구는
원청과 쪼개기 계약으로 직고용인 나와 같은 고용 형태로 일한
다. 그 친구 옆에는 업체에 소속되어서 같은 라인을 타는 아저씨
가 있다. 처음에는 업체 소속인지도 몰랐다. 여기는 정규직 라인
인 터라 사람들이 어찌 되었든 원청이랑 계약했다고 하니 그런 줄
만 알았다. 그런데 조회마다 공정하는 자리에 앉아 있기에 이상해
서 물어보니 비정규직이었던 거다.

　아무튼 이 아저씨는 드로어에 공기를 불어서 드로어 먼지나
물기를 제거하는 일을 한다. 이 일은 업체에 있는 장차장이 시킨
듯했다. 그런데 이 업체의 담당 원청 직원이 요새 자꾸 여기저기
서 감사 나오는 게 걱정되니 자꾸 밖에서 일하라고 했나 보다. 밖
이라고 하면 라인을 벗어나서 아예 건물 밖에서 맡은 공정 없이
다른 사람들을 보조하는 일을 말한다. 누가 그렇게 일하고 싶을
까. 아저씨가 무시하고 예전처럼 계속 에어 부는 일을 한 것 같은
데 자꾸 원청 사람이 와서 나가라고 했나 보다. 결국 화가 나서
'그만두겠다!'고 했다는데 업체에 장차장이 '조금만 기다려 봐.'
라고 해서 일단 나가 있는 상황이다.

한 라인에서 업체 사람과 정규직 사람이 같이 작업해서 불법 파견 판정나는 세상인데 여기는 버젓이 불법이 행해지고 있다. 작업 지시는 업체가 한다고 해도 정규직이나 원청 계약직과 일하고, 관리는 원청한테 받는 거다. 나 참. 여기만 둥그렇게 홈을 내서 움푹 들어간 곳인 것 같다.

15명 신입사원 모집에 500명 지원

설 전에 신입사원 모집 공고가 나왔다. 근데 설 지나고 김 조장이 알려주는 바람에 사람들이 엄청 급박하게 지원해야 했다. 게다가 내정자가 있다는 둥 이미 신입사원이 가조립에서 일한다는 둥 소문이 무성하다.

아무튼 신입사원을 15명 정도 뽑는데 500명 넘게 지원했다고 한다. 취업해서 먹고살기가 얼마나 힘든지 알게 해주는 것 같다. 공고는 그냥 그런가 보다 했는데 오늘 반장님 말이 한 달이 다 지났는데 아직 2차 면접을 보고 진행 중이라고 했다. '아직도?'라는 생각이 들긴 했지만 그냥 넘어갔다. 그런데 반장님 다음 말이 "핸드폰 개발하는 쪽에 사람이 많아서 잘라야 하는 마당에 무슨 신입사원이냐, 하는데 하여튼 그렇습니다." 였다. 일하는 사람이 많으면 좀 여유 있게 배치해서 작업자들을 좀 편하게 해주지. 사람 쫓아낼 생각을 하다니! 그러면서 임단협이 진행 중이라 맞물려서 사원 뽑는 게 늦어지네 어쩌네 하는 것이다. 이름뿐인 비민주적 노조도 임단협을 하긴 하나 보다.

무서워진 안전불감증

일하다 보니 걱정 아닌 걱정이 되는 것. 너무 과한 걱정인가 싶으면서도, 이런 게 쌓여서 나중에 큰일이 날까 봐 걱정이 되는 것 같다. 아침에 오자마자 갑자기 불날 때 울리는 비상벨이 막 울렸다. 순간 놀래서 고개를 들어 주위를 봤는데 아무도 동요하지 않고 하던 일을 했다. 그래서 나도 하던 일을 마저 했다.

가만히 생각해보니 이런 일이 한두 번이 아니다. 내가 일하러 오기 전에도 이런 일이 빈번했으니 사람들도 가만히 있는 거겠지? 그런데 정말 불이 나거나 긴급 상황이 발생한다면? 그래도 아무도 움직이지 않을 것 같은데?

'가만히 있으라.'고 하여 대참사가 일어났던 세월호 사건이 올해 5주기다. 이제 4월이 예전의 4월이 아닌데도 여전히 현장에서는 위험에 둔할 뿐이다. 언제까지 반복해야 제대로 된 대비를 할 수 있을까. 안전불감증이 너무 무섭다.

빈 수레가 요란한 감사

- 노동부 감사가 오늘 나온다. 불시에 한다지만 준비가 아주 철저하다. 화학약품을 쓰면 되는 4공정을 제외하고 모든 기름 종류를 다 치우라고 했다.

- 귀마개를 반드시 착용해야 하는데 제대로 착용하는 방법을 이제야 알았다. 손으로 반대쪽 귀를 잡고 귓바퀴 윗부분을 당겨 폼을 작게 만들어서 귀에 최대한 깊숙이 넣어 반 이상 보이지 않도록 해야 한다고 한다.

- 에어컨이 있으면 안 되는지 내 옆에 있던 에어컨을 바로 떼버렸다. 감사가 다 끝나니 다시 부착했다. 매우 수상하다.

- 개인 물병을 모두 치우고 물을 숨어서 마시라고 했다. 덕분에 목이 아주 칼칼하다. 평소에는 허용해놓고 이러니 엄청 불편하다.

- 지게차 사람들에게 안전모를 쓰라고 했다. 업체 사람들인데 원청 로고가 박힌 모자를 쓰고 있다. 아무렇지도 않은가 보다.

– 같은 라인에 타던 업체 이모들, 언니들이 사라졌다. 아마 감사가 다 끝나면 돌아오겠지.

– 공장2에서 사람이 죽고, 지게차로 사고가 나서 감사를 하는 거란다. 반장이 조회할 때 그 말을 하면서 너무 귀찮은 듯한 표정을 보여 싫었다. 사람이 죽었는데 저런 반응이라니. 주변에 있던 다른 사람들도 비슷해 보인다. 공장1은 감사가 하루인데 공장2는 닷새라면서 다행이지 않냐니.

– 걸리면 개인 과태료를 물을 수 있으니 하루만 더 고생하잔다. 이렇게 숨기고 다 준비해서 참 퍽이나 평소에도 예방되겠다. 과태료도 회사가 지불하는 게 아니라 개인이 5만 원 가량 물어야 하니 엄한 돈 나가지 않게 잘하라고 한다. 개인이 회사에 속해서 일하는데 그게 온전히 개인 탓이겠냐. 너무한다! 일할 때는 거의 직원을 배제시켜 놓더니 이럴 때만 개인만 앞세우는 것도 너무 이중적이다.

– 쉬는 시간 중간중간 조반장이 돌아다니면서 핸드폰이나 기름이나 자재들이 밖으로 나왔는지 확인하라고 한다. 카톡으로 아예 캡쳐해 보여주면서 조심해야 한다고 단톡방에 올린다.

유난스러운 감사가 지나갔다.

우리는 원청 노예들

동갑내기 친구들 넷이서 회식을 했다. 그중 한 명이 생일이기도 해서 족발집에 가기로 했다. 회사 생활 이야기, 개인적인 이야기들을 나누다가 한 여자친구가 결혼한다고 공개했다. 축하한다고 했더니 당분간은 비밀로 해달란다. 이런저런 사소한 이야기들을 나누다 5월 1일에 휴무인지 내가 물었다. 공장1에서 처음 맞는 노동절이기 때문이다. 물론 '근로자의 날'이라고 칭했다. 한 명은 쉬었던 것 같다고 했고, 정규직 두 명은 쉬지 않는다고 했다. 사실, 그날 쉬면 세모단에서 지엠 비지회 동지들이 하는 연극에 가보려고 했다. 아무래도 쉴 가능성은 희박해 보인다길래 내가 물었다.

"왜? 우리 근로자잖아(노동자라고 마음속으로 외쳤다)!"

"근로자? 누가? 우린 근로자 아니야!"

"그럼……(혹시 노동자라고 하려나?)."

혹시는 빗나갔다.

"노예잖아."

"노예인데 무슨 근로자의 날에 쉬겠니. 아마 출근할 것 같아."

'……'

그렇다. 우리는 원청 노예였다. 고용 형태 상관없이 노예였다.

시키면 시키는 대로 하고 까라면 까고 뒤집으라고 하면 뒤집어야 하는. 연극은 못 볼 것 같다. 그래도 잔업 없는 특근이길 기대해 본다.

현장에 둥둥 떠다니는 욕설들

이번 주부터 자꾸 계장이 내 공정 옆에서 라인을 탄다. IPBA라는 세척 용액을 천에 묻혀서 냉장고를 슥슥 닦는다. 그것도 딱 한 타임만. 무슨 어르신이 운동 삼아 하듯이 한 타임 하고 간다. 근데 그 한 타임 동안 다른 사람들한테 하는 온갖 욕이 다 들린다.

그러고 보니 요새 계약직 친구들과 서로 욕 먹은 이야기를 하게 된다. 내가 최근에 먹은 '욕'은 다음과 같다. 먼저, 오늘 첫 타임 30분 만에 생리현상이 생겼다. 5분이면 다녀올 일인데, 1시간 정도 참다가 도저히 안 될 것 같아서 반장한테 전화했다. 조장은 노조 간부 수련회에 간 사람 대신 공정 수행 중이었기 때문에 패스했다. 처음에 안 받길래 다시 했다. '죄송한데 제가 화장실이 너무 급해서요!' 하니까 욕이 날라왔다. 놀라서 귀를 전화기에서 뗐다. 라인도 밀릴 것 같아서 뗐다. 난 오늘 수명이 늘었다.

노동절 앞두고 마주한 두 가지 사건

오늘은 두 가지 큰 사건(?)이 있었다. 먼저, 살면서 처음으로 '잔업 4시간'을 해봤다.

"공유드립니다. Case발포 설비 고장으로 반별 라인 정지 시 5S 실시하시고 중식시간은 11시 30분부터 12시 30분까지 실시합니다. 자재 SPS는 10분 전에 가동합니다. 사전 준비해주세요. 설비 고장 수리 지연 관계에 따라 변경 될수도 있습니다." 라는 단톡 문자가 올라오다가, 다음과 같은 카톡이 이어졌다.

"밥은 40분에 배식됩니다. 빨리 가봐야 허빵임~~~. 최대한 천천히 가세요. 죄송합니다."

"참조) 잔업 3시간 예정입니다. 사전 업무조율을 해주세요."

"반별 에어컨 필터 및 구석구석 청소하세요. 유동 인원 관리하시고."

"라인을 1시간 이상 세웠는데 청소가 안 됐니 같은 말이 안 나오게……."

이 톡들은 연속해서 조반장의 이름을 달고 튀어나왔다. 라인이 멈춘 게 누구의 잘못이길래 그 시간에 굳이 청소를 시키며, '청소가 안 됐니.' 같은 말까지 나오나. 라인을 안 멈췄으면 더러운 환경에서 계속 일해야 했겠구나 싶었다.

무엇보다 세 번째 타임에는 2시간 30분을 일해야 한다는 건데, 심난했다. 식사 시간도 마음대로 바꿔버리고. 그러다가 갑자기 30분에 식사 주는 걸로 협의했으니 밥 먹으러 가란다. 이럴 때 '사람 똥개 훈련 시키냐.'라는 말을 쓰는 건가 싶다. 어쨌든 밥을 먹으러 갔는데, 한산하고 줄을 길게 서지 않아도 되어서 나쁘진 않았다. 다만 잔업을 3시간 할 수 있다는 말 때문인지 밥에서 아무 맛도 안 느껴졌다. 자리로 돌아왔다. 나는 마지막 공정이다 보니 12시 40분부터 라인이 돌아가는데, 계속 멈추거나 텅텅 비어서 내려와 기분이 안 좋았다. 친구들 톡방에서는 메인 라인이 비어 있다고, 잘하면 잔업을 더 할 수도 있겠다는 말이 떠돌았다.

"-추가 잔업 공지- 금일 Case발포 설비 고장으로 생산 목표 미달로 인해 추가 잔업 4시간 실시합니다. 사원들께 공유 부탁드립니다. 통근버스는 마산 1대, 창원 2대입니다 장유는 현재 협의 중입니다. 통근버스 이용하시는 분이 적어 안 할려고 합니다(통근업체)."

"-추가 잔업 공지- 금일 Case발포 설비 고장으로 생산 목표 미달로 인해 추가 잔업 4시간 실시합니다. 사원들께 공유 부탁드립니다. 통근버스는 마산 1대 창원 2대 장유 1대 총 4대입니다. 탑승 장소는 기존 탑승지인 복지관 식당 뒤편에서 탑승하시면 됩니다."

4시간 확정이다. 생산 잔업이기 때문에 9시 30분까지 꽉꽉 채운다는 건데 한숨이 절로 나온다. 잔업 1시간을 하고 화장실에 가는데 이모들 표정이 영 안 좋다. 앞치마 같은 걸 두른 이모가 "너무 힘들다." 하면서 무표정으로 말하는데 옆에 안경 끼고 버섯 머리를 한 이모가 "힘들다, 힘들다 하니까 시간이 더 안 가는 것 같아." 하신다.

현장 분위기가 100킬로그램 추를 단 듯 무겁다. 먹고살아야 하니까 거절하지 않고 그저 받아들이고 일하겠다는 그 마음들이 실이 되어 연결된 듯했다. 누구 하나 (대놓고) 짜증 내지 않고, 그냥 그런가 보다 한다. 어디서부터 어떻게 잘못된 것인지 모르겠지만 작업자가, 노동자가, 우리가 다 책임지는 이런 성질나는 상황이 있을 수 있는 건지. 깹 동지가 그랬다. "일을 하다 보니, 다른 사람들이 분노하는 것만큼 분노하게 되는 것 같다고." 그게 무슨 말인지 알 것 같았다. 분노하는 크기가 작다는 게 아니라, 다른 사람들과 비슷한 수준에서 분노하게 된다는 뜻. 혼자서는 무엇이든 할 수가 없었다. 그냥 남들처럼 수긍하는 척하고 뒤에서 우리끼리 한탄하고 4시간 다 채우는 것밖에는.

절이나 성당에 가서 좀 앉아 있다가 올까 싶었다. 수양하고 수

행해야 하는 것 같아서 말이다. 결국 4시간을 꽉꽉 채우고 집으로 돌아왔다. 친구 하나는 통근버스가 없어서 중간에 시내버스를 타고 집에 갔다고 한다. 내일이 노동절인데, 절반 이상의 노동자가 출근한다는 기사를 봤다. 교사도, 건설노동자도, 카페 알바생도 다 출근을 한다고. 그런 날은 모두 쉬면 안 될까. 노동절은 이내 삼켜버리고 출근 준비를 한다.

5시간 잔업 노동자를 뒤로하며 퇴근

드디어 날이 밝았다. 정말 4시간 동안 잔업을 하게 될까? 잠을 많이 잤는데도 피곤했다. 아침조회 때 오늘 하루의 운명이 결정된다. 결국 4시간 확정. 부도가 난 부품사에 있는 금형을 다른 부품사에 이야기했고, 그 노동자들이 밤샘 작업을 해 물량을 맞췄다고 한다.

밤샘 작업을 하는 게 말처럼 쉬운 게 아님은 너무나도 잘 알고 있다. 그 노동자들이 얼마나 힘들었을지 생각하니 원청 기업이 너무 쓰레기 같이 느껴졌다. 맨날 착한 기업이라고, 독립운동가의 후손이 세운 전통 있는 기업이라고 광고하는데 정작 그 기업에 속한 우리는 전혀 느끼지 못하고 있다. 하긴, 착한 기업이 어딨는가. 이미 노동자들을 착취하면서 생존하고 있는, 노동자들에게 기생하면서 존재하는 기업들인데.

아무튼 4시간 확정이다. 각오하고 일을 시작해야 했다. 고농축 커피도 마시고 무리하지 않으려 노력하면서 일하려 하는데 컨베이어가 너무 빨리 돌 때가 있었다. 정신없이 하다 잠시 쉴 타이밍이 되면 손목과 손가락이 너무 아팠다. 50시간도 이렇게 힘든데 예전에는 어떻게 일했나 싶다. 21세기를 사는데도 하루 12시간을 일하는 데 쓰다니. 18세기와 19세기에 사는 노동자가 되어 그 시절을 체험하는 기분이다. 탄력근로제가 일반적으로 시행된 다면 정말 끔찍하다.

좀 짜증이 났던 이유는 점심 반성회 때 조장이 "지금 생산이 잘되고 있으니까 4시간까지는 아니고 3시간을 할 수도 있을 것 같다. 여러분들 손에 달렸다. 열심히 최선을 다해주시길 바란다." 라고 말했기 때문이다. 도대체 왜 그렇게 말하는 걸까. 내가 혼자 열심히 하고 안 하고에 노동시간이 달려 있는 게 아닌데.

힘들어서 저녁밥도 못 먹으러 가겠어서 그냥 빵을 먹었다. 마지막에 1시간 정도 남겨두고는 헛구역질도 났다. 체력을 최대한으로 소모했다는 게 느껴졌다. 솔직히 너무 힘들었다. 심지어 옆 반은 1시간 더 추가해서 22시 30분에 일을 마친다고 했다. 그걸 들으니 찡찡댈 수도 없었다. 통근버스 없는 사람도 부지기수인데 나는 통근버스라도 있으니 불평할 수 없는 아주 최적의 조건이었다.

3일 쉰다고 회복할 수 있을까 싶다. 그래도 휴일 시작이다. 정말 쉬어야겠다.

외국인이든 내국인이든

연휴 3일을 쉬고 출근한 첫날은 괜찮았는데, 그 다음 날은 너무 피곤했다. 게다가 아침조회 때 충격적인 말을 들었다. 분명 지난주 금요일에 잔업 4시간을 더해 총 12시간 일을 했는데, 법인 연수생인 외국인 노동자들은 연휴 3일 내내 출근했다고 한다(부분적으로는 2일). 너무 잔인하다. 그래 놓고 한국인들과 같이 이번 주 토요일 특근을 시킬 테니 결국 일요일 하루만 쉬고, 다음 주도 똑같이 돌아가겠지. 어떻게 그럴 수 있나. 매일 잔업이 없어도 5일 연속은 힘든데 여튼 잔인하다. 기업이 돈 벌기 위해 하는 짓 모두 잔인하다!

또 충격적인 말을 들었다. 미중무역 전쟁이 다시 불붙었다고 한다. 그게 나랑 무슨 상관인가 싶지만 상관이 아주 많다! 신제품이 중국에 넘어간다고 선행 작업으로 정해진 물량을 채워주기 위해 잔업하는 거라고 했는데 만약 넘어가지 않는다면 계속 여기서 생산하고 잔업도 이어지는 거다.

반장 말이 이렇게 한국에서 생산하면 인건비나 부품 단가 면에서 남는 게 없다고 한다. 그래서인지 100~200대를 더 생산한댄다. 정직원들 교육을 10월쯤 하는 걸로 보아 아마 10월까지 맨날 잔업에 빨간 날 특근까지 계속될 것 같다.

빠르게 움직여야 하는 사람

냉장고에 알맞은 필터가 들어갔는지 바코드 매칭을 하는 것도 내 공정에서의 일이다. 설명서 바코드를 찍고 고정하기 위한 테이핑을 한 다음, 오른쪽 문만 열어서 라벨을 붙이는 사람에게 보내주면 되는 일이다. 간단해 보이지만 어떤 모델이냐에 따라서 매우 바쁠 때도 있고, 그렇지 않을 때도 있다. 이 두 가지 외에도 전체 검사를 해야 하기에 눈을 크게 뜨고 두리번거리면서 일해야 한다.

그런데 냉장고 필터가 종종 바뀐다. 어차피 기능은 똑같다는데 왜 바뀌는지 모르겠다. 말도 안 해주니 나는 더더욱 알 길이 없다. 그런데 문제는, 바뀌고 나서 초반에 바코드가 정말 안 찍힌다는 것이다. 잘 읽지를 못하니 필터를 여러 각도로 돌려봐야 해서 라인이 밀리기도 하고 그 뒤 냉장고를 급하게 마무리하기도 한다. 그래도 어느 정도 지나면 적어도 몇 주는 잘 찍히니까 어지간하면 내가 맞추려고 한다.

어느 날 한 필터가 너무 심각하게 안 찍히는 거다. 팔도 너무 아프고 찍히지도 않으니 답답했다. 조장한테 말했는데 돌아오는 대답이 "나는 되는데 넌 왜 안 된다고 하니."다. 어이없어서 다시 해본다고 답했고, 조장은 돌아갔다. 아무리 시간이 지나도 해결

되지 않을 것 같고, 라인이 몇 번 밀리는 걸 위에서도 보고 난 후에야 반장한테 이야기하란다. 옆에 친구가 그래도 계속 말해야 고쳐준다고 하길래, 말해야겠다고 생각했다. 일단 내 손가락과 손목이 너무 아팠기에 무조건 이야기하기로 마음 먹었다.

그런데 아침 땡 하자마자 바로 라인이 밀렸다. 겨우 하나 하고 다음 것 하려는데 조장이 우두커니 서 있었다. 뚱한 표정으로. 그러더니 와서 도와준답시고 매칭기를 가져갔는데 조장이 해도 안 됐다. '드디어 알았으니 해결하겠군.'이라는 생각도 1초 만에 와장창 깨졌다. 필터 하나를 집더니 비닐을 벗겼다. 그러고는 "정 안 되면 이걸로 빠릿하게 해!"란다. 이게 해결인가.

다른 관리자에게 필터가 자꾸 너무 힘들게 한다, 라인 밀린다, 일이 급하게 처리된다 등을 말했지만 보고 올려서 결제 승인받으려면 연구소 사람들과 설왕설래해야 하고 복잡해지니 대처 방법을 알려주겠다고 해놓고 그냥 가버렸다. 필터 사건이 이렇게 마무리되면서 나는 더 빠르게 움직여야 하는 사람이 되었다.

어떤 식으로 부품들이 바뀌고 실험되다가 작업자들한테 내려오는지 나는 알 길이 없다. 내 공정이라며 책임지라는 내용은 플래카드 크게 써서 걸어놓고. 아는 게 없다.

청소년인권조례 제정을 응원하며

잔업 전에 배고프면 저녁을 먹는다. 지난번에는 새로 들어온 이모랑 같이 먹었다(그냥 언니라고 부른다). 이 언니에게는 고2, 중1인 애들이 있다고 한다. 애니메이션을 전공하고 싶어하는 첫째 딸에게 제대로 지원해주고 싶어서 2년만 버틸 마음으로 일을 시작했다고 한다. 저녁 먹기 전에 둘째 담임 선생님한테 전화가 왔는데 '장난이 심한 것 같으니 어머니가 이야기해달라.'는 내용이었다는 것이다.

입시를 앞두고 있는 첫째 딸에게 '학교에서 튀지 마라.' '선생님한테 대들지 마라.' '그냥 그러려니 넘겨라.' 같은 이야기를 하게 된다면서 그게 내심 속상했는지 계속 이야기하셨다. 결국 성적, 생기부가 중요하니까 애한테 제대로 말을 못하겠다고 한다. 선생이 갖고 있는 무기가 그런 게 아니겠냐면서 결국 학생들을 압박해서 관리해가는 것 같다고 했다.

나도 자연스럽게 경남학생인권조례에 대해 이야기했다. 이모가 아는 게 하나 없다는 듯 눈을 동그랗게 뜨고 그런 게 있냐고 물어봤다. 나는 아는 대로 답하면서 그게 최소한의 조치인데 그걸 실행해주지 않으려고 한다고. 뭐 동성애나 그런 자극적인 것들이 많이 눈에 띄는 듯해도 체벌이나 생기부 협박이나 외모에 대한 협박 같은 게 있으니 정말 최소한으로 필요한 부분인데 언니 말을 들어 보니 정말 학교생활에서 정말 중요하다고 느껴진다고, 언니도 내용을 한번 찾아보라고 이야기했다.

나도 학창시절에 불합리한 걸 많이 봐왔다. 어떻게 무엇이 잘못되었고 무엇을 요구해야 하는지도 몰라 그냥 넘어간 일도 많았다. 촌지가 오고 가고, 돈으로 소위 명문대라 불리는 학교로 찔러 넣어 정작 공부를 잘하고 재능 있는 친구는 대학에 못 가고 공부를 좀 잘한다 싶으면 선생한테 추천서를 받으려 굽신굽신했다. 생기부 때문에 더 고개를 숙여가면서 지내야 했던 그 시절을 경험했기에 청소년인권조례 제정에 관심이 가고 지지한다. 지금 무산될 위기에 놓여 있다던데 조금 더 힘을 내서 제정되었으면 좋겠다.

센터장 오는 날

아침조회 때 센터장이 온다기에 그런가 보다 했다. 그런데 오늘은 좀 더 유난스러웠다. 온 관리자들이 공장에 무슨 위생 관리하듯이 청소에 정리에 야단법석을 떨었다. 자기 공정 없이 보조하는 사람은 일하는 시간 내내 밀대질을 했다. 화살표 표시 같은 방향을 표시하거나, 경고문이 낡았다 싶으면 떼고 새것으로 붙이고, 전광판 숫자를 조작해서 달성률을 바꾸는 등 난리가 났다. 비도 추적추적 와서 다들 기분이 꿀꿀한데 이렇게까지 난리를 치니 정신이 하나도 없었다.

　점심을 먹고 오후 작업을 하는데 다른 반 다른 공정 옆에서 세척하던 언니가 왔다. 늘 서 있던 곳에 사람이 있으면 안 된다기에 왔다고 했다. 그래도 옆에 사람이 있는 게 오랜만이라서 이야기도 하고 재미도 있었다. 관리자들이 난리를 치니까 "여기가 무슨 대한항공이냐." 했더니 그 언니가 빵터졌다. 그러면서 "그런다고 여기가 바뀌냐. 센터장이 오면 나 숨어야 해."라고 했다. 멀쩡히 계약서 쓰고 일하는 사람인데 숨으라니? 심지어 자기 역할을 맡아서 그날그날 노동을 하는 사람인데 라인에서 존재를 지운다니? 라인에 사람이 너무 많이 붙어 있으면 센터장이 싫어한단다. 그래서 센터장이 오는지 눈치를 봤다가 센터장이 오니 라인 뒤쪽으로 숨었다가 센터장 가니까 그제서야 나왔다. 그런데 이 망할 센터장이 한 번 더 보고 싶다고 역주행하는 바람에 다시 후다닥 뒤쪽으로 갔다. 언니뿐만 아니고 여러 명이 그랬다. "내가 이러면서까지 일해야 하나."라며 웃었지만 무표정으로 말했다.

센터장이 얼마나 대단하고 잘 보여야 하는 사람인지는 모르겠지만 멀쩡히 일하는 사람을 숨기고, 사람 손이 더 필요함에도 일부러 적은 인원으로 일하게 할 거라니. 인건비 줄이다 인간이 죽어가겠다.

그래도 5분 일찍 라인이 멈췄다. 사람들이랑 좋다고 우르르 퇴근하러 갔다. 소소한 것에 확실한 행복을 느끼는 순간이었다.

자극적인 사고 영상들

회사 식당 전광판 앞에 '근로자'들이 알 만한 중요한 정보를 올려놓는다. 물론 그 범위는 광범위하다. 어느 순간부터 계속 사고에 조심하자! 우리 모두 주의해야 한다! 하면서 세종시, 밀양시 등에서 일어난 사건들의 블랙박스 영상이나 뉴스 영상을 흘려보낸다. 심지어 지게차를 운전하는 분들에게 보행자가 항상 지나다니니 조심합니다! 하고 말하는 영상도 있다. 개인이 주의해야 할 부분이 분명히 있지만 그 책임을 전부 다 개인에게 떠넘기려 하니 문제다.

내가 생각하는 문제는 하나 더 있다. 식당 앞인데 영상들이 너무 자극적이라는 것이다. 자전거 타다 넘어지는 것, 머리를 땅에 부딪히는 것 등을 그대로 보여준다. 심각성을 강조하려다 보니 그럴 수 있다 싶다가도 너무 심하다는 생각이 든다. 영상을 집중해서 보다 보면 밥맛이 조금 떨어질 때도 있다. 맨날 조회 때 종이에만 보여주는 안전교육 말고, 자극적인 영상에 지속적으로 노출시키는 것 말고 실질적인 대책을 마련해주면 좋겠다.

제도와 법에 접촉할 수 없는

여기는 참 이상하게 점심조회를 한다. 그래서 점심시간이 10분 줄어든다. 아무튼 오늘의 핵심은 그게 아니고. 오전에 라인이 많이 비어 내려왔었다. 설비 문제로 그런 것 같았다. 그놈의 설비는 올 초부터 고칠 생각을 안 한다. 조반장이 어딜 뛰어가고 하길래 그런가 보다 했다. 공장은 늘 전쟁터니까. 그런데 그 뛰어가던 게 문제가 커서 다급해 뛰어간 것이었다.

　그릴팬이라는 냉장고 부품이 있는데, 기름때가 엄청 묻은 채로 작업자가 그냥 넣었던 것이다. 그게 150개 중 60개 넘게 발견이 되어 조반장이 아주 와장창 깨졌던 것. '그래, 한두 개도 아니니 작업자가 잘못한 거 아닌가?' 싶지만 그걸 시정해나가는 과정은 너무했다. 반원이 전부 모인 앞에서 이름을 탁 찍어서 말하고, 자꾸 혼내고, 계속 그 사람만 보고 이야기하면 그 작업자는 뭐가 되겠는가? 심지어 나이도 훨씬 많고 일한 지도 꽤 되었는데 그냥 언급 정도 하고 면대면으로 상담하는 게 훨씬 나았으리라는 생각이 들었다. 아침조회 때 가볍게 반장한테 이름 불리는 것도 엄청 싫은데 말로 사람을 두들겨 팬 꼴이다. 관리자였던 조장이 욕 먹었다고 화풀이하는 느낌이다.

다음 날에도 그릴팬 불량이 나왔다, 그것도 엄청 많이. 100대가 넘게. 작업자는 중식 조회 때는 얼굴도 안 비추셨다. 일부러 안 오신 듯했다. 조장은 이제 얼굴도 안 볼거다, 말도 안 할 거다, 하면서 인상을 팍 썼다. 모든 반원 앞에서. 말로 너무 때리는 것 같다. 직장갑질 금지법이 생겼다는데 여기는 출근해서 울타리가 쳐지면 치외법권, 신성한 장소가 된다. 아무런 제도와 법에 접촉할 수 없는.

끝없는 무급노동

생각해보니 여기는 무급노동을 많이 시킨다. 다른 사람들이 아무렇지 않게 하다 보니 나 또한 그러려니 하고 넘겼던 게 많다. 익숙해지고 적응이 되어버려서 문제라고 생각하지 못하고 넘어가기도 했다.

먼저, 청소와 사전 준비 작업이 항상 있는데 그걸 꼭 라인 돌기 전에 해야 한다. 청소도 맨날 해야 하고 준비 작업도 많은 공정에서는 일찍 출근해야 하니 아무리 못해도 30분 전에 일을 시작하는 것과 다름없다. 노동 준비 시간이 노동시간에 포함되지 못한 채 무료로 노동을 더 하고 있는 셈이다. 그래서 아침밥을 먹을 시간이 애매해 거르는 경우가 많다. 500원이면 질이 좋든 나쁘든 한 술 뜨고 일을 시작할 수 있는데 라인 돌기 전에 할 일들이 있으니 거의 못 먹는다. 아무리 공부했더라도 막상 일하러 와보니 사람들이 당연하게 생각하는 건 나도 당연하게 생각해 별로 문제의식이 생기지 않는다. 반성 아닌 반성을 하면서 생각을 좀 환기시켜야겠다.

부족한 화장실에 날은 덥고

여기는 쉬는 시간에만 화장실을 갈 수 있다. 2시간 동안 생리현상을 참기란 쉽지 않은 법! 늘 여자화장실이 붐빈다. 게다가 더울 때는 그나마 화장실이 제일 시원하니까 사람이 더 몰리기도 한다. 그런데 무더워지는 이 시점부터 사람들이 공통적으로 하는 이야기가 있다.

더운 건 기본이고, 목이나 얼굴, 팔 등이 간지럽다는 것이다. 에어컨 시설이 잘되어 있지도 않고 습한 날씨에 환풍 시설도 제대로 안 되어 있어서인 것 같다. 그런데 나도 땀띠가 났나? 피부가 예민해서 그런가? 하고 말았는데 피부가 드러난 부분마다 공통적으로 나타나는 증상이 있다. 이상하다는 생각이 들었다. 하도 사건 사고가 많은 날이 계속되니까 이제 이런 작은 것에도 예민해지고 신경이 곤두선다.

위에서 찍힌 우리

조회 때 반장이 또 충격적인 말을 했다. 영상을 하나 보여줬는데 위에서 내려다보는 시점으로 사람들이 돌아다니는 모습을 찍은 거였다. 돌아다닌 두 사람은 우리가 이렇게 보고 있다는 걸 알고 있는지 모르겠다. 아무튼 최근에 일어난 사망, 발가락 골절, 손가락 잘림 같은 무시무시한 안전사고들로 인해서 CCTV를 달았는데 줌인을 하면 사람 얼굴은 기본이고 그 사람이 보는 핸드폰 화면의 기사 내용까지 보인다는 것.

안전 문제로 CCTV를 달았다고 하니 다들 수긍하는 분위기다. 좋은 의도라고 하니 그러려니 하는 거겠지. 기분이 나쁘다. 짧은 지식이지만 판옵티콘 같은 것도 생각 나고, 홀로코스트 수용소에서 사람들 관리하는 방식도 생각나고, 학교·군대·공장의 기본이 감옥이라는 것도 생각나고. 천장을 봤는데 환풍기가 코딱지만하게 돌아가는 게 보여서 생각을 멈췄다.

많이 갑갑하다. 인내심 훈련하는 중인 것 같다. 답답하다. 참는 연습 중인 것 같다.

눈 감았다 뜨면 11월이길

결국 탄력근로제를 실시한다고 한다. 소문을 믿지 말라며, 조반장이 이야기해주는 게 아니면 확실한 게 아니니 귀 담아듣지 말란다. 말도 하지 말란다. 혼선을 줄 수 있기 때문이란다. 그런데 결국 소문은 현실이 되었다(소문이 현실이 된 경우가 굉장히 많다. 아니 땐 굴뚝에서 연기가 안 나나 보다). 특근 날을 갑자기 바꿔 '인간답게 사는 게 뭘까.'를 진지하게 고민하게 된 그 이튿날 아침조회 때 반장이 '탄력근로제를 실시할 것 같다(반장은 맨날 이런 식으로만 말한다. 확정한 후에 말했던 적이 거의 없다.) 그 방식은 3가지가 있는데 그중 어떤 것으로 할지 계장님이 논의해보고 결정할 것 같다.'고 했는데 그 바로 뒷말이 가관이었다. '법적으로 허용된 것이기 때문에 아무 문제가 없다. 그리고 노조에서 합의한 내용이기 때문에 문제될 것이 없다.' 이럴 때만 법을 갖고 온다. 사람들이 혹시나 반발할까 봐 그러는 거겠지. 수가 빤히 보인다. 그날 오후, 발 빠른 친구들이 9~11월 계획표를 알려줬다.

 기가 찬다. 이렇게 일하라고? 진심으로? 9월에 추석 연휴인 목, 금, 토요일만 쉬고 모두 출근이다. 평일은 잔업이 일주일에 2~4일이 기본으로 들어간다. 주말에도 출근한다. 10월에도 마찬가지다.

공휴일과 18일과 27일을 제외하고 전부 일주일에 2~4일 모두 잔업에 주말 출근이다. 그러다가 11월 3일부터 일이 없다. 평일 잔업 없이 금, 토, 일요일 출근을 안 한다. 월급이 반의 반토막이 나겠지. 고정적으로 소비해야 하는 주거비, 식비, 등을 제때 내려면 똥줄이 좀 탈 것 같다. 그보다 내가 무사히 11월을 맞이할 수 있을까 싶다. 내가 버텨낼 수 있을까? 겁이 너무 많이 난다.

일하다 잠깐 주변을 둘러봤다. 모두 표정 없이 일하고 있다. 묵묵하게 진짜 열심히 땀 흘리면서 살아가는 사람들이 고통받는 세상이다. 끔찍한 세상. 후대에 이 시대를 어떻게 설명하고 정의 내릴지 궁금하다.

이제 두 번만 더

탄력근로제가 끝나간다. 이제 월요일을 두 번만 더 맞으면 끝이다. 그런데 막 기쁘지 않다. 얼마 전 조장이 한 이야기 때문이다. 냉장고 안에 얼음 만드는 부분이 고장이 났는데 그런 줄도 모르고 출하를 했다고 한다. 그래서 창고에 있는 모든 냉장고를 재작업해야 하는데 그게 얼추 5,000대라고 한다.

　세상에 나간 잘못된 냉장고가 굉장히 많다는 것도 문제인데 재작업해야 하는 것이 5,000대라니. 재작업도 남자 여자 안 가리고 로테이션을 돈단다. 11월에 일을 적게 시켜야 3개월 동안 52시간이 맞아떨어진다. 12월에 다 이월시켜준다는데 당장 일이 어떻게 떨어질 줄 알고. 11월에 김장도 하러 가야 하고 전노대(전국노동자대회)도 가야 하고 연대도 하러 다녀야 하는데! 하고 싶은 일 엄청 많은데. 월요일인데 혈압 그만 올려야지. 에휴, 추운데 옷이나 꽁꽁 껴 입고 일해야겠다.

너무 잦은 사고

아주 따끈따끈한 소식이다. 따끈하다는 훈훈한 단어를 쓰고 싶지는 않지만 최근 소식이라는 딱 거기까지의 의미로 읽어주길 바란다. 수많은 투쟁이 끊임없이 벌어져도 여기는 다른 세상인 듯 굴러간다.

사고가 많이 일어나니까 PPT나 말로 전해지는 안전교육이 엄청 늘어났다. 하지만 5분을 안 넘긴다. 위험한 설비 기계에 대해서 설명하는데 반장이 "3라인에서 사고 일어났죠. 계약직 이모가 손목이 끼어서 손목 나가리 되었죠. 안전은 본인 스스로 지키는 거지 아무도 안 지켜줍니다. 거기 속한 조반장은 징계받고 정직되면 그만이지. 본인 손은 어떡하겠습니까. 안전 주의 꼭 하세요. 다음은 불량과 미생산."이라고 한다. 늘 이런 식이다.

산재 사고가 너무 많다. 사람 소리만 슬쩍 나도 스트레스를 받는다. 그나저나 손목은 괜찮으신가. 누구신지 모르지만 얼른 나았으면 좋겠다.

책임져주지 않는 회사

산재가 하루가 멀다 하고 일어난다. 다른 라인에서 일어나도 소름 끼치게 무서운데, 이번에는 내가 있는 건물의 내가 보이는 기계에서 일어났다. 갑자기 라인이 멈췄고, 전체 조회하는 자리로 모이라는 연락이 와서 모였더니(난 끝 공정이라 라인이 늦게 멈춰서 늦게 가기는 했다) 갑자기 설비에 문제가 생겨서 잔업을 총 4시간 해야 한다는 거다. 4시간 하고 집에 가면 10시가 좀 넘는다. 이튿날 정상 출근인데 제정신이 아니구나 싶었다. 근데 사람이 촉이라는 게 있지 않나. 느낌이 너무 이상했다. 옆에 엘큐씨 오빠에게 물어 보니, "고장 난 설비에 뭐하러 들어가노!" 하는 걸 듣고, '아 산재다!' 싶었다.

갑자기 다시 조회하는 곳으로 모이라고 해서 가니 조장이 이렇게 말했다. "12시 전에 집에 갈 수도 있고 5시에 집에 갈 수도 있고 어떻게 할지는 아직 아무것도 결정난 게 없으니 그냥 공정에서 대기하시면 됩니다. 그리고, 그리고! 더 깊게 알 생각하지 마시고 소문 같은 거 막 퍼뜨리고 그러시면 안 됩니다. 설비 꺼진 상태에서 가열될 때까지 시간이 좀 걸려서 그렇습니다. 다시 정리해서 말씀드리면." 더 깊게 알려고 하지 말라는 순간 '심각한 산재구나'

싶었다. 나중에 알고 보니 고장 난 줄 모르고 설비에 들어가서 작동시키려다 엄지손가락을 제외한 모든 손가락이 잘렸고, 봉합이 잘 안 되었으며 앞으로 손가락을 예전처럼 쓸 수 없을 거라고 진단받았단다.

저쪽 라인에서 일하는 이모가 "그러게 뭐 하러 고장 난 설비에 들어가노!" 하길래 "뭐 들어가고 싶어서 들어가나요. 하다 보니 라인 속도 맞춰서 몸이 빨려 들어가는 거죠. 라인 세우면 그 난리를 치는데 안전이 중요하다지만 못 지키는 거죠, 안 지키는 게 아니라."라고 말했다. 바로 동의하셨다. 일하다 보면 라인 좀 설 수 있지. 에휴. 결국 설비는 돌아갔고, 3시간 잔업을 했다.

이튿날 아침조회 때 들어 보니 사고 원인을 모른단다. 사고가 일어난 시간에 설비나 파악할 수 있는 기계들이 갑자기 꺼져서 원인 확인이 어렵고 아마 작업자의 변칙이 가장 큰 원인일 거라고 생각한다고 했다. 하지만 작업자는 회사에서 지시한 대로 했을 뿐이라고 강하게 주장한단다. 그 시점에서 반장은 이렇게 말했다. "회사에서 아무도 책임 안 져주고 돈이나 쥐어주고 산재 신청도 어렵고. 본인 안전은 본인이 책임지는 겁니다. 오늘 하루도 안전한 작업 하시고."

주경야독을 하려면

주경야독. 낮에는 밭을 갈고 밤에는 책을 읽는다. 개똥 같은 소리다. 밭을 갈면 피곤해서 책을 읽을 수 없다. 의지가 약하네, 정신력이 부족하네 하지 마라. 참으면서 책 읽으면 골병 난다. 요새 한자랑 한문에 재미 붙였는데 일만 하고 오면, 책상 앞에 앉기만 하면 머리랑 책상이랑 부딪혀서 자러 간다. 결국, 환경이 좋아야 공부도 하고 교양도 쌓고 문화도 누리는 거다.

조문 차별

사람이 자꾸 다치고 죽어나가는데, 그걸 조회 시간에 전하는 조반장들의 태도에 너무 화가 난다. 표정 관리? 난 못하겠다. 안 할 거다. 어차피 그런 인간들이 한낱 계약직 한 명을 신경 쓰지도 않을 테니까.

한번은 관리자 부친이 사망하셨나보다. 자연사로. 그런데 참 마음이 아프다면서 배차를 준비한다고 하더라. 어제도 공사 현장에서 노동자가 죽었는데 그건 신경 쓰지 않으면서. 그 사람도 한 가정의 아버지였고 누군가의 아들이었고 소중한 가족이었을 텐데. 죽음에도 차이가 있는 건가! 그렇다 해도 산재 사건을 두고 짜증을 내면 안 되지.

골절 산재가 난 적이 있다. 중량물을 운반하는 사람이었다는데 회사에서 나눠준 안전화를 신었는데도 발이 골절된 거다. 순간 '회사에서 얼마나 싸구려를 줬길래 안전화를 신어도 그 모양인가.' 하고 생각했는데 뒤이어 반장의 말이 "그래도 회사에서 나눠준 안전화를 신어서 골절만 되고 말았다." 였다. 어이가 없었다. 살면서 이렇게까지 어이가 없을 수 있나.

덧) 요즘은 자연사가 가장 행복한 죽음 같다. 명대로 살다가 가는 사람이 몇이나 되나. 마음의 병을 얻어 세상을 떠난 사람이나, 상품 취급받으며 상품을 만들어낸 사람이 사고사로 세상을 떠난 것이나. 흔히 일어나는 일들에 너무 소름이 끼친다. 그런 사회에 살고 있구나 한다.

떠내려온 2,250대 냉장고

어제 땡겼다! 술 말고, 노래를. 이상하게 이유 없이 마음이 싱숭생숭해서 일하는 내내 집중을 못했다. 물론 단독 모델인 비둘기색 냉장고가 2,250대가 떠내려와서 그런 건지 모르겠지만! 가을이라서 온몸에 호르몬 변화가 와서 그럴 수도 있겠지만! 3시간 잔업이라 나도 모르게 한숨이 나와서 그럴 수도 있겠지만! 결론은 내가 처진다는 거다. 그래서 기분도 풀 겸 노래방을 생각했는데, 동네에 사는 동지들도 다 같이 갔다. 판이 조금 커진 느낌? 그래도 다 같이 흥 나면 좋은 것이니까.

　노래도 막 부르고 방방하게 놀다 보니 기분이 조금씩 풀리는 거다. 노래 가사도 의미심장하고, 날숨과 들숨 사이로 기분이 나아지는 느낌! 때문에 잠을 6시간도 못 자는 상황이 발생했고, 머리도 무겁고 눈도 조금 무겁지만 괜찮다! 기분이 나아지니 힘이 난다!

　금요일에 야유회인데 우리 반은 피곤하다고 쉬었고 다른 반은 회식을 했다. 우리 반은 11월 회식 때 비싸고 맛난 거 먹자고 했다. 맛집을 알면 제보하라더니 결국 자기 집 근처 음식점으로 잡았댄다. 뭐 맛은 있다니까 먹으러 가겠다! 그런데 금요일 야유

회로 휴식을 취했으니 토, 일, 월, 화, 수, 목, 금, 토요일에 일을 하란다. 아주 대단한 논리다.

아침 통근버스 안이 조용하다. 눈 좀 붙여야겠다. 선언의 노래를 들으면서.

1970년대와 2019년은 얼마나 다를까

"주말이 되면 안전요원이 안 보이지 않아?"라고 옆에서 밥을 먹는 동생이 물었다. '음? 안 다니나?' 생각하고 있는데 옆에 오빠가 "회사 입장에서는 돈 안 쓰고 싶겠지 뭐." 그런다. 내가 "주말이라고 안전사고 안 일어나. 그런 게 어딨어." 했는데, 그 말이 묻혔다. 가을 햇살이 너무 좋아서 다들 기분 좋게 웃는데 심각한 이야기를 못하겠어서 더 큰 소리로 말하지 않았다. 1970년대 전태일 열사가 보던 그 공장의 모습과 2019년 내가 보는 공장의 모습은 하나도 다르지 않다. 가을 하늘과 잿빛 지붕까지도.

공장이나 감옥이나 군대나

조회 시간에 갑자기 반장이 CCTV 동영상 하나를 틀어줬다. 위에서 내려다보는 시선으로 사람들이 공정을 지나다니는, 2분이 채 안 되는 동영상이다. 이런저런 회의 끝에 이 공정 천장 오른쪽에 안전을 위한 CCTV를 달자고 했단다. 반장은 하회탈 같이 웃으면서 이렇게 말했다.

"이거 누가 봐도 안전만 목적이 아닌 것 같죠. 그런데 달았다고 합니다. 이제 핸드폰 보면서 걸어다니다가 걸리면 징계받으니까 조심들 하시고요. 우리를 위한 일이라 생각하면서 안전 또 안전하시면 됩니다. 그냥 천장에서 누가 나 지켜보고 있구나, 하면서 일하면 돼요."

예전에 유대인들을 노동수용소에 가둬놓고 어떻게 감시할 것인가에 대해 고민하다가 스스로 통제하고 감시하는 방법까지 고안했다는 이야기를 얼핏 들은 적이 있다. 굉장히 치밀하고 과학적인 방법으로 노동을 시켰던데. 그때 충격받았던 게 '감옥-군대-학교-공장'이 다 같은 원리를 취한다는 것. 우리 모두(몇 명 빼고) 당연하다고 생각하는 이 사회가 이렇게 탄생한 거라니.

추상적인 선거 공약

지부장 선거를 한다. 며칠 전부터 온갖 곳에 포스터가 붙고 사람들이 관심을 갖고 공약에 대해 논의하고 실효성에 대해 생각하고 토론한다.

그나저나 공약이 참 추상적이다. 내가 좋아하는 말 중 하나가 '추상적인 것이 모든 것을 품고 있는 것처럼 보이지만 아무것도 없다.'는 것이다. 화목한 가정과 현장이 말로 한다고 만들어지나? 그런 공약에 아무도 딴지 걸지 않는 현장 작업자들.

오늘 1시간 늦게 라인이 돌아가고 음료수에 과자에 귤에 오뎅이 잔뜩이라고 난리다. 계약직이라 휴게실에 짱 박혀 있어야 하지만, 그래서 무슨 분위기인지 모르지만 공개투표이고 뭐, 누가 되든 별 상관 없다. 그냥 가만히 있어야겠다. 가마니가 되어야지. 내일 재계약이나 잘되었으면.

언제나 고마운 사람들

예전에 브라질 냉장고를 생산할 때였다. 냉장고 문에 붙어서 오는 비닐을 제거해야만 라벨이나 마크를 붙일 수 있는데 언젠가 그게 안 벗겨진 채로 온 적이 있다. 라인 속도가 빠르다 보니 그걸 제거하면서 작업할 수는 없어 라인 중간에 사람을 한 명 붙였고, 그분은 내 공정과 다음 공정 사이에 서서 빠르게 비닐 제거를 하는 임무를 맡았다. 나이가 좀 많아 보이는 아저씨였는데 투박하게 생기셔서 그런가 보다 했다.

냉장고가 매우 커서 문 두 짝의 비닐을 제거하니 엄청나게 많은 비닐 쓰레기가 쌓였다. 대수도 많아서 아주 많이 쌓였다. 사람들이 산처럼 쌓인 비닐들을 내가 관리하는 쓰레기통에 진짜 처박듯이 쑤셔 넣고 가는 경우가 허다해 이번에도 그러겠거니 했는데 그 아저씨는 지나가는 관리자를 불러 쓰레기봉투를 받아서 넣고 계시는 거다! 내가 괜히 찔려서 "제 쓰레기통에 넣으셔도 되는데." 했더니 "그러면 너가 힘들잖아! 내가 담아가서 따로 치울게!" 하신다. 이게 참 별거 아닌데 엄청 고맙고 미안하고 감동이었다. 옆에 있는 동료들이 아주 가끔 이런 기분을 느끼게 해주면 그나마 숨 쉴 구멍이 생기는 기분이다. 또한 활동을 열심히 해야겠다는 동기부여도 생긴다. 그런 분들이 좀 더 나은 세상에서 많은 걸 누리면 좋겠어서다. 고마운 사람들. 오늘도 힘내본다! 나 또한 그런 사람이 되고 싶어서!

몸도 마음도 병들어가는

내 공정에서 현장사무실로 가는 길에 텔레비전 모니터가 내 시선 50도 각도 위로 보인다. 맨날 빨리 밥 먹고 화장실 가고 양치하느라 주변을 잘 안 살피다가(살피더라도 무슨 공정이 있는지를 더 재밌게 봤었다) 어느 날 갑자기 탁 위를 봤는데, 모니터 4개가 있는 거다. 생산·불량 비율 같은 것을 모니터에 각각 통계를 내놓은 건데 4개 중 하나는 '현장 미세먼지 관리 현황'이다. 근데 딱 그 하나만 꺼져 있다. 그것만 생산과 직접 연관이 없어서겠지. 그래도 아예 모니터를 꺼버리다니. 허울만 좋은 것들, 허공에 떠다니는 말들. 그러니 사람들의 몸도 마음도 병들어가지. 자본주의 압축판에서 일하면서! 개악된 제도들을 최전선에서 맞아가면서!

노동법이 더 이상 후퇴하면 안 된다! 더 이상 쪼그라들면서 살수 없다. 휴게실에 널브러진 소중한 사람들이, 노동자들이 더 이상 아프지 않아야 한다!

아팠다

몸이 많이 아팠다. 머리부터 발바닥까지 누가 바늘로 쑤시는 듯하면서 헛구역질이 계속 나고, 통증이 온 머리를 감싸니까 눈앞이 뿌옇고 귀까지 멍해졌다. 열이 나서 독감 검사를 해보자기에 했는데 독감도 아니고, 감기약을 먹어도 차도가 없는 데다가 원인을 모르니 막판에는 산에 다녀온 적 있냐며 의사가 쯔쯔가무시를 운운하기도 했다.

진통제 맞을 때만 잠깐 좋다가 계속 온종일 몸을 못 가눌 정도로 아프니 '내가 오래 살 수는 없는가 보다.' 하는 생각까지 들었다. 원인불명의 몸살 증세라니 정말 여기 들어와서 처음 겪는 일이 많다. 사실 얻은 병도 많다.

한동안 정신적인 스트레스가 상당했다. 내 주변의 정치 조직이 깨져가는 모습을 봐야 했고, 나에게 중요한 동지라며 운운하던 사람에게 존중은 커녕 무시받으면서 마음뿐 아니라 몸까지 병든 것이다. 내가 가고자 하는 이 길을 멈춰 세우고 싶다는 생각도 들었다. 관계가 어긋나니 내가 무너진다.

현장 안이라고 편할까. 겉과 속이 다른 동료들과 언젠가 떠날 거라고 당연하게 생각하는 정규직들 사이에서 '나'라는 존재의 가치를 의심하기도 했다. 그래서 요즘은 그냥 일만 하는 중이다. 돈만 벌러 들어온 것은 아니었는데 돈만 벌고 있는 셈이다. 객관적 조건도 주관적 의지도 다 무너진 상태다.

내가 너무 많이 망가진 것 같다. 몸은 몸대로 마음은 마음대로. 이걸 세우기가 쉽지 않아 보이지만, 그래도 기댈 수 있는 동지들과 면대면으로 만나면 좋지 않을까 싶다. 올해 안으로 여러가지 정리를 해볼까 한다. 필요하면 쉬어가면서 말이다. 이것저것 다 떠나서 바람처럼 지나가는 내 인생이니까.

죽음에 대한 슬픔

요새 단톡방에 심심하면 올라오는 소식이 장례식 이야기다. 뭐, 몇 달 전부터 그랬다. '어느 작업자와 무슨 관계이신 분이 돌아가셨다.' 단체로 버스를 타고 장례식장에 가는 것도 봤다. 이번에는 작업 당사자가 돌아가셨다는 톡도 올라왔다. 반장 말로는 줄초상이란다. 저번에는 이렇게 가족관계로 엮인 사람들이 돌아가시니 마음이 많이 아프다, 위로를 전하는 게 기분이 좋지 않다, 한 가정에서 중요한 분들 아니냐…… 그러더니, 죽음에도 차이가 있는 건가. 정규직 작업자 가족이 죽으면 마음 아프다고 조회 때 이야기할 수 있지만 공사 업체 사람이 일하다가 죽거나 다른 사업장에서 사람들이 죽었다는 기사가 나오면, 그에 대해서는 함구한다. 아무런 언급도 없다. 이 사람들은 중요하지 않은 사람이고 가정에서 아무런 역할과 책임이 없는 사람인가?

　사람이 태어나 죽는 과정은 각기 다른 모습일 수 있으나 다른 무게여서는 안 된다고 생각하는데 막상 현실에서는 다른 무게 보따리로 묶여져 세상에 놓이니 슬프다. 슬픔을 옆에 두고 차분하게 생각해봐야지. 곧 김용균 1주기다.

무관심한 노동부

역시 사람들과 술도 마시고 밥도 먹어야 하나 보다. 그것도 공장에서 멀리 떨어진 곳에서! 사람들이랑 밥 먹는 자리에서 나온 이야기인데, 여기서 계약직으로 일하던 사람이 너무 화가 났던 나머지 노동시간 초과, 부당노동 행위, 잘못된 노동환경 등등을 모아서 계약이 끝났을 때 노동부에 전부 신고했다고 한다. 신고하면서 국민청원에 게시도 했다고 한다. 오죽 답답했으면 그랬을까. 근데 아무도 모른다. 심지어 나도 이제서야 알았다. 몰랐던 이유 중 하나가 노동부에서 아무런 조치를 하지 않았기 때문이기도 하다. 그렇지 않은가? 조사를 하러 왔으면 왜 몰랐겠나. 심지어 메인 통로 쪽 일인데!

저번에 사람이 죽었을 때도 하청업체 이름이 잘못되었으니 원청 이름도 넣지 말라고 신문사에 전화했다나 뭐라나. 하여튼 이 공장 답이 없다. 하긴 답 있는 공장이 어디 있나 싶다.

법인 연수생

법인 연수생은 사람 아닌가? 노동자 아닌가? 원래 여기 공정은 해외에도 법인으로 몇 개가 있어서도 외국인들을 한국으로 보내 프로세싱과 일하는 걸 배워오라고 한다. 거절하면 해고고. 안 배우고 싶어도 배워야 하는 무슨 한국 입시 교육 같은 현실인 셈이다. 그런데 그런 법인 연수생들이 무슨 이유에서인지 많이 줄었단다.

사실 법인 연수생들은 너무 심하게 일해왔다. 속이 안 좋아서 점심을 건너뛴 적이 있었는데 점심시간에 일하는 외국인들도 봤고 퇴근할 때면 늘 빵을 들고 휴게실로 들어가는 외국인들도 봤다. 잔업에, 추가 잔업에 마지막 청소까지 전부 하고 가는 것이다.

쌓여 있는 재작업들

재작업할 것들이 많은가 보다. 그러게, 처음부터 좀 잘 만들지. 아무튼 메인 통로 쪽에서 일하다 보니 문제가 있는 냉장고들이 주르륵 서 있는 것을 보게 된다. 관리자들끼리 소리를 지르고 난리가 난다. 그런데 진짜 문제는 그 냉장고를 옮길 때 쓰는 지게차다. 매연을 엄청나게 뿜으면서 왔다 갔다 한다. 진짜 자동차 매연 기관에 코 박고 있는 느낌, 폐가 썩는 느낌. 이 모든 매연은 배출도 잘 안 될 테고, 사람들 기관지에 다 들어가겠지. 한동안 맡아야 한다고 생각하니 너무 끔찍하다!

병원의 풍경들

응급실에 갔다. 옆구리부터 퍼져오는 통증을 도저히 참지 못했기 때문이다. 딱 느낌이 왔다. 이건 참을 것이 아님을. 병원에 갔더니 진정되었고, 여러 검사를 통해 몸에 '결석'이 생겼다는 걸 알게 되었다. 세상에 몸에 돌이 생겼다니. 이런 게 내 몸에 생겼다니. 수술은 지금 몸에 염증이 많아서 어렵기 때문에 염증 치료 후 하는 게 좋을 것 같다고 해서 알겠다고 했다. 진정되고 나니 그제야 주변 풍경이 보였다.

응급실에 온 환자들은 연령불문, 성별불문에 대부분 일하다가 다쳐서 오는 경우였다. 주방에서 일하다가 어디에 베였는지 피가 줄줄 흐르는 채로 온 사람, 건설 현장에서 일하다가 다친 것 같은데 파상풍 약을 챙겨가면서 오늘 꼭 수술해야 한다는 당부를 듣는 사람, 한국말도 못하는 중국 사람이 칼국수 면 뽑는 기계에 손이 끼어서 왔는데 통역해줄 사람이 없어서 간호사와 보디랭귀지를 하며 의사소통하는 사람. 그 중국 사람은 11시 반이 넘도록 밥을 안 먹었단다. 배고프겠다.

일생에서 노동은 매우 중요하지만, 그 길이 상해와 죽음에 너무 가까워져 있어서 안타깝다. 그걸 내 눈으로 보고 내 현장에서

느끼고 있다. 내 문제인 것이다. 이대로는 정말 안 된다. 실질적인
대책이 필요하다. 답은 나와 있다. 실행에 옮길 힘이 필요하다.

수술 날짜 잡기

수술 날짜를 잡자는 의사에게 회사에 말해야 하는데 허락해줄지 모르겠다고 하니 혼 아닌 혼이 났다.

"사회 초년생이에요?"

"예, 제가 사회 생활을 늦게 시작했어요."

"일하는 사람이 항상 을은 아니에요. 도움받을 수 있는 사람한테 요청해서 도움을 받으세요 ."

"예, 그런데 문서 하나만 작성해주실 수 있나요? 수술을 꼭 해야 한다는 그런 거요."

"사유서는 수술 이후에 회사 제출용으로 드릴 건데요. 그 사이에 어떻게 될지 모르니까 막 써서 드리기는 어려울 것 같아요. 소견서를 써드릴게요. 언제로 하실래요?"

"다음 주로 할게요."

"그 사이에 저번처럼 실려올 수도 있어요."

"……."

"결석이 언제 통증을 일으킬지 몰라요."

"그래도 그건 제가 감당해야……."

"좋은 직장이에요?"

"(0.1초 만에 대답) 아니요."

"나와야죠. 근데 왜 그렇게 우물쭈물해요. 요새 평생 직장이 어딨어요. 아니다 싶으면 나와야죠."

"아프면 참으라고만 해요."

"어느 직장이나 아프면 다 참으라고 하죠. 근데 수술을 받아야 하는데도 이렇게 어물쩍하는 분위기면 너무 심한데요?"

"예, 저도 그렇게 생각합니다."

"저도 그냥 이야기 드리자면 노동자 권리는 스스로 찾는 거예요. 본인 권리를 본인이 찾아야죠."

"(찔림) 그쵸. 예……."

"왜 다음 주에 하냐면서 관리자가 막 물어보면 어떻게 하려고요."

"아, 그게……."

"가서 잘 이야기하세요. 소견서 써드릴게요."

"(민망) 예……."

노동자가 스스로 자기 권리를 찾아야 한다고 생각했고, 토론했고, 주변에 말했으면서도 실생활에서는 적용이 1도 안 된다. 충격이었다. 반성한다. 그나저나 이 의사는 뒷구멍으로 활동하시는 분인가. 사람 정신 번쩍 나게 하네.

녹음기를 켜고

그동안 관리자한테 반드시 요구해야 할 것들이 없었는데 다닌 지
1년 만에 생겼다. 바로 수술 날짜 잡기! 수술 전 검사도 있고 입원
수속도 있어서 최소 평일 하루는 빼야만 한다! 그런데 이달 말까
지 계약이 잡혀 있고. 아무리 1월 물량이 넘친다지만 계약 만료될
까 봐 무서운 건 사실이고. 그래도 말해야만 한다! 일단 녹음기를
켜고 빵을 챙겨서 반장에게 갔다.

"반장님, 드릴 말씀이 있는데요."

"왜?"

"제가 수술을 해야 해서요 평일 하루를 빼야 할 것 같아요."

"어디가 아픈데?"

"몸에 결석이 생겨서요."

"그거 하면 일주일 쉬어야 하는 거 아닌가?"(일주일 쉬게 안 해줄 거
면서 왜 그런 소리를 하는 거지?)

"26일에 하면 안 되겠나. 그날 특근 빼줄게."(연말에 수술하고 누워
만 있으라고?)

"마지막 주에는 수술이 안 되고요. 주말은 수술 일정 다 잡혔
대요. 이번 주나 다음 주 금요일 정도 빼주셨으면 하는데요."

"그 병원도 마지막 주에 다 노는가 보네. 그게 막 당장 큰일은 안 나는 거지 않나?"

"금요일에 수술하고 토요일과 일요일 쉬고, 월요일에 나와서 일할게요. 의사가 가능하댔어요."

"그러면 다른 병원 가서 해라."(내가 왜? 거기는 해준대? 돈도 두 배로 드는데?)

"아뇨……. 진단받은 의사한테 하고 싶은데요."

"법인 연수생들 다 떠나고 사람이 없다."(언제는 많았니? 연수생 떠나고 퇴직자 떠나고 나면 사람을 미리 채웠어야지. 어쩌라고.)

"반장님 저 토요일에 실려 갔었어요. 수술하는 건데 그래도 하루는 빼주세요."

"허허……. 아니 뭐 저기……."

"제가 회사에 상의한다고 이번 주 당장 수술을 못한다고 해서 약도 먹고 있는 중이고요."

"허허. 사람이 없어 방법이 없다."

"저도 어쩔 수가 없어요. 수술받고 출근할게요."

"수술받고 와가 일하면 내 맘이 편하겠나."(위태위태하게 있으면서 일하는 건 괜찮고?)

"수술 그때로 할게요."

"……."

"알았다. 그러면 그때로 해라."

수술 날짜 결정

잔업을 하고 있는데 갑자기 저 멀리서 막 반장이 달려오는 거다. 불안하다 싶었다. 촉이 왔다.

"그냥 수술 그 전주로 해라. 퇴직자들 발생해서 손이 없다. 지원도 못 받을 테고 그냥 그 전에 하는 걸로 해라."

"그럼 수술 전 검사도 해야 해서 목요일에도 빼주셔야 해요. 그건 안 되시잖아요? 최소한 잔업은 빼주셔야 하는데요."

"검사 다 했다며."

"그건 병원에서 병명 알아보려고 한 거고요. 수술하기 전에 또 검사해야 해요."

"아 죽겠네. 그날 저쪽 이모가 제사라고 잔업 뺐는데. 안 된다. 둘 다 빼줘야 하니 어째야 하노."

"어떻게 할까요, 반장님?"

"내가 어제 교육받았는데 스트레스가 젤 안 좋다고 한다. 아 스트레스 받네."

다시 아침이 밝았고 전투태세를 갖추고 출근해서 일하고 있었다. 반장이 슬슬 걸어오더니 말했다.

"수술 그냥 니가 처음에 말한 대로 해라. 거시기 그때 맞제?"

"네, 알겠습니다."

이번 주는 수술 전 검사를 하러 가고, 다음 주에 수술하기로 했다. 참 험난하다 험난해.

뽑지 않는 신입사원

이번에 퇴직자가 발생한다. 냉장고 부분은 전체적으로 그렇다. 그
런데 대책이 없다. 없는 인원대로 생산을 돌린다. 그러면서 아프
지 마라, 경조사 참석하지 마라 등을 강조한다. 사람들이 나갔으
니 신입사원을 뽑느냐? 안 뽑는다. 사람을 뽑기는 하는데 계약직
만 받는다고 단톡이 왔다. 올 초에 알음알음 정규직 몇 명을 뽑아
놓고는 더 뽑을 생각이 없다. 사람 많이 뽑고 일을 나눠서 하면 실
업 문제도 해결, 노동 강도도 해결인데 그렇게 할 리가 당연히 없
겠지. 싸워서 쟁취해야 한다.

버스 대란

요새 퇴근 통근버스를 타려면 다른 버스를 한 번 더 타고 이동해야 한다. 식당에 갈 때도 통근버스를 타고 이동해야 한다. 회사 관리자들이 대책 없이 식당 쪽(퇴근버스 타는 곳)을 막아서 공사하는 바람에 그렇다. 밥 먹으러 갈 때마다 뛰어가서 줄 서서 버스를 타고 식당에 내려서 또 뛰어가서 줄 서서 밥을 받는다. 덕분에 나도 10분을 안 넘기는 식사 시간을 누리고 있다. 또 일 마치기가 무섭게 뛰어가서 줄 서서 버스를 타고 다시 퇴근버스를 타러 간다.

내가 알기로 이번 주 화, 목요일은 잔업 3시간, 수, 금요일은 2시간, 월요일은 본인 공정에 따라 2~3시간이었는데, 갑자기 잔업 마치기 10분 전에 양옆 동료들이 짐을 싸는 거다! 뭔가 이상하다 했다. 점심 때까지만 해도 언니들이랑 3시간 잔업하니까 든든히 먹자고 했는데 달성률도 조작이 가능하기는 해도 90퍼센트도 못찍었는데. 갑자기 라인이 멈췄고 사람들은 또 버스를 타러 뛰어갔다. 나도 주섬주섬 짐을 싸서 나갔다.

사람이 몇 명인데 버스가 1대뿐이다. 난 뒤로 버스가 더 오는 줄 알았지! 그게 아니었다. 사람들이 버스에서 꽉꽉 서 있는데도 밖에 30명 가까이 기다리고 있었다. 각 반 반장한테 전화하고 버스기사는 실장한테 전화하고 난리였다. 소리 있는 아우성이었다! 버스기사가 잔업 3시간 아니었냐고 묻는 걸 보니 관리자들이 나한테만(?) 공유를 안 한 게 아니라 버스기사에게도 안 했던 거다! 그래서 버스도 1대밖에 없었고. 못해도 2대는 있어야 사람들이 무사히 집에 갈 수 있는데!

나는 어떻게든 끼어서 탔으니 집에 무사히 왔는데, 다들 어떻게 갔는지 모르겠다. 무책임한 회사.

덧) 몰랐는데 버스를 못 탄 어떤 아저씨가 시위도 했단다.

지역 공장이 흔들리면

12월 30일이었던 것 같다. 모르는 번호로 전화가 왔었다. 모르는 번호는 잘 안 받는데, 혹시나 해서 엄마랑 굴김치부침개를 먹다가 전화를 받았다. 전화한 상대방도 나를 정확히 기억하지 못하는 것 같았다. 2018년에 잠깐 다녔던 업체가 있었는데 그때 함께 했던 이모였다. 잘 지내냐며, 목소리를 들으니까 이제 내가 정확히 기억난다고 했다.

다름이 아니라, 일자리가 있냐고 물어보려고 하셨단다. 일자리는 없고 돈은 벌어야 하고. 겨우 들어가서 일해봤지만 너무 춥고 환경이 열악해서 그만두었다 하신다. 일을 쉬다가 일자리를 찾으려니 안 찾아져서 물어물어 내 번호를 받았고 망설이다가 목구멍이 포도청이니 전화하신 거였다. 이모는 남자애 둘을 키우는데 큰아들은 속 썩이지만 이쁘다고 하셨고, 둘째는 대학생인 걸로 기억한다. 이제 군대 갔으려나? 남편은 지엠 창원 공장에서 차체부에서 일하던 정규직.

지역에서 공장 하나가 흔들리니 4인 가족이 흔들린다. 585명의 해고자 발생은 4,000명 넘는 사람을 불안하게 하는 거다!

아, 이게 인간의 삶인가!

2020년 첫 출근을 했다. 2019년 연말을 엄마와 보내고, 2020년 맞이는 동지들이랑 함께하는 아주 알찬 연말연시였다. 해돋이도 보고! 연말에 7일 정도 쉬고 연초에 9~10일 정도 쭉 일을 시키는데, 이번 경우는 일요일은 쉬고 설날 대체휴일은 특근이다. 이번에는 '목금토일월화수목금'이 아니라 '목금토월화수목금'에 일하고 월급에 특근을 넣어서 비슷한 월급을 받게 하려는 수작 같다.

　금요일 밤부터 일요일까지는 특근이 없으면 쉰다. 쉬니까 좋기도 하지만 그것보다 화장실을 내 맘대로 갈 수 있어서 너무 좋다. 이걸 깨닫고 나서 '아 이게 인간의 삶인가!' 했다. 먹고 자고 화장실 가는 건 너무 기본적이라 하나만 삐그덕거려도 삶의 질이 확 떨어진다. 그걸 여기서 매우 많이 느꼈다! 인간답게 살자는 구호가 실현되려면 아직도 멀었다!

탄력근로제는 누구를 위한 것?

지난주 목요일부터는 잔업도 사라졌다. 특근도 사라졌다. 이유는, 지금 돌고 있는 코로나바이러스 때문이다. 중국에서 생산되고 있는 부품이 묶여서 더 들어오지 않는 것이 가장 큰 이유다. 그래서 지금까지 밀린 생산량은 바이러스 사태가 정리된 이후 탄력근로제를 운영해서 메울 것이라고 한다. 더 최악은 중국 부품 생산 지역, 냉장고 생산 지역에서 한 명이라도 감염자가 나온다면 이미 생산한 것까지 전수 폐기를 하고 한국 공장에서 생산하기로 했다는 것. 그렇게 되면 어마무시한 양이 물량으로 들어온다.

　조회 끝나고 자리로 돌아오는 길에 정규직 반원이 '탄력근로제는 돈도 안 되고 몸만 힘든데 그걸 또 하나. 아, 싫다.'라는 말을 옆에 동료한테 하는 걸 들었다. 탄력근로제는 암만 봐도 회사 좋으라고 만든 제도인 것 같은데 자꾸 노동자들 좋은 일이라고 하지 말길.

울리지 않는 화재경보음

점심시간 무렵 화재경보가 울렸다. 예전처럼 또 잘못 울린 거라 여기고 신경도 쓰지 않았다. 그러다 점심을 먹고 나오는데 옆에 동료 언니가 "아까 불났다며?" 그러는 거다. 흠칫했다. 그 경보가 사실이었던 거다. 오작동한 경우가 흔하다 보니 내가 무심했던 거고. 그런데 경보음이 울리는데도 대피하라는 방송조차 나오지 않았다. 이튿날 보니 세 번째 타임에서도 불이 났다고 한다. 그쪽에는 아예 경보음도 안 울렸다. 이런 게 쌓이면 대형사고가 되는구나 싶었다.

코로나바이러스 때문에

코로나바이러스 때문에 난리다. 그것 때문에 열흘 정도 잔업 없이 칼퇴근을 했다. 여기서 일하다 보면 나중을 생각하면 안 된다. 나중은 어떻게 되든 최악이기 때문에 지금 당장 눈앞에 벌어지는 일이 제일 중요하다. 내일을 생각하지 않게 되는, 일할 때는 명상의 경지까지 이르게 되는(아는 동생 표현) 곳이다. 아무튼, 칼퇴근 너무 좋은데! 화무십일홍이라고. 10일이 되었으니 이제 칼퇴의 꽃이 지는 것 같다.

지난주 주말에는 뉴스에서 코로나바이러스가 여름까지 갈 것 같다는 아주 끔찍한 기사를 봤다. 중국에서도 환자를 치료하던 의료진이 사망하고, 홍콩에서도 훠궈 먹던 일가족이 단체로 감염이 되고, 한국에서도 마스크 없이 다니는 사람을 경계하며, 전 세계가 난리인데.

그런데 월요일 아침 반장 말이 웃겼다. 질병관리위원회에서는 당장 바이러스가 잡힐 것 같지 않다고 했는데 반장이 '이번 주 안으로 마무리될 것 같습니다.'라고 말했다. 순간 귀를 의심했다. 왜 맘대로 판단하지? 했는데, 이전에 들어왔던 중국 부품을 이번 주까지 마무리하고 새 부품이 들어오는가 보다. 그게 아니면 저렇게 대책 없이 말할 수가 없다.

이제 통근버스 탈 때도 마스크를 끼지 않으면 기사가 제재를 가할 수 있다고 한다. 마스크를 나눠주지 않으니 결국 내 월급으로 마스크를 샀다. 그 전 주부터 관리자들은 현장에서 끼던데. 옆에 언니 말이 달라고 했는데 없어서 못 준단다. 그래, 너희 눈에는 작업자가 사람이 아니겠지, 부속품이겠지.

성과금 발표

성과금 발표가 났다. 350% 확정. 이곳에서 1년 넘게 일하는 동안 꽉 차게 처음 받는다!

1. 이맘때만 되면 회사가 어렵다는 소문이 난다. 기사에서는 매출 순이익이 늘었다고 하던데 건조기, 세탁기, 정수기에서 이미지 타격을 입었으니 진짜 아니냐, 맞냐 소문이 돌았다.

2. 반장이 소문을 믿지 말라고 했다. 언제나 소문은 믿지도 말고 퍼뜨리지도 말자고 한다. 하지만 아니 땐 굴뚝에 연기 날까? 소문이 사실일 때가 많다. 그러니 소문도 유심히 듣게 되지. 회사가 맘대로 계획 바꾸는 거 다 안다!

3. 회사가 제시한 것을 노조에서 반려시켰다고 했다. 대단하다. 돈 문제만 생기면 그 누구보다 열심히 연기를 한다.

4. 타결이 되었는데 아쉬워도 이해해달라고 했다. 회사와 노동자가 으쌰으쌰 해야 하는 거 아니냐면서. 난 회사만큼 돈이 없다는

말은 안 했다. 확정이 났고 이 정도가 적정하단다.

5. 지금 지급 날짜를 발표했다. 2월 마지막 날이다. 옆 반 이모가 공돈이 생겼다고 좋아한다. 그래서 내가 '000만큼 이윤이 났대요, 이모.' 하니 '뭐 어떻노. 월급 외 돈이 더 들어오는 건데.' 하면서 싱글벙글하길래 '원래 줘야 하는 돈을 나눈 거라고, 그 돈 다 이모가 번 거예요.'라고 덧붙였다. 이모가 매우 좋아하면서도 그건 그렇다고 하신다.

노동자에게 코로나바이러스의 결말은

코로나바이러스는 그 누구도 해내지 못한 저녁 있는 삶을 만들었다는 우스갯소리를 들었다. 이곳에는 확진자나 의심 환자도 없다. 이 독한 곳에는 코로나바이러스도 치를 떨면서 안 들어오는 거라는 이야기도 돈다.

잔업에 추가 잔업에 마구마구 돌렸는데 전염병이 돌아서 중국으로부터 부품이 안 들어오니 결국은 국내에서 부품을 조달하기로 했던 듯하다. 그런데 그게 막상 톱니바퀴 돌아가듯 되지 않으니 맞추느라 일주일 정도를 보냈다.

덕분에 대략 3주 정도 잔업을 안 했는데 완전히 안 한 것은 아니다. 모든 사람이 최소 2시간 이상 잔업을 하기도 했다. 선행작업까지 5시간 잔업을 하기도 했다. 아직 끝나지 않은 코로나19 상황 속에서 다들 장시간 노동을 하고 있다.

결국 코로나19로 인한 결과는 주 60시간 넘게 일하는 노동자들이 책임을 다 떠맡는다. 그리고 성실하고 묵묵히 자신의 일을 하는 노동자들은 여전히 그 자리에서 열심히 하고 있다. 내 생각이지만, 나도 그 속에 있어서 참 다행이다. 무책임하게 떠넘기는 사람이 아니라서, 정말.

관리자들의 승진

관리자들이 승진했다. 계장은 어디 사장으로 가고 선임 반장은 다른 쪽 계장으로 간다며 특근하는 중에 인사하러 공장 한 바퀴를 돌더라.

저들은 결과물을 바탕으로 승진한 거겠지만, 그것들은 사실 다 작업자들이 만든 거다. 매일 아침마다 출근해서 잔업에 추가 잔업에 또 추가 잔업까지 하더라도 묵묵히 했던 사람들이 있었기에 가능한 일이었을 테다. 곰이 재주 넘고 돈은 사람이 챙긴다는 말이 괜히 나온 게 아닌 것 같다.

모 반 조장이 반장이 되는 게 싫었나 보다. 이튿날 출근을 안 했다고 한다. 진짜 안 보였다. 지금 계장은 예전에 관리자들과 싸우고 다른 부서에 갔다가 돌아왔다는데, 다들 싫어한다. 예전 계장한테는 '계장님, 계장님' 하던 우리반 반장도 그냥 '계장'이라고 한다. 아침마다 한 바퀴 돌면서 지저분한 곳을 사진 찍어서 막 올린다고 하던데 굉장히 마음에 안 드는 표정이다.

코로나19와 탈화장

탈코르셋 운동이 한창인데, 자세히 아는 건 아니지만 코로나19로 인해 마스크를 쓰면서 더 가속화된 것 같다. 적어도 우리 공장에서는. 마스크로 얼굴을 가리니까 다들 화장을 안 하고 다닌다. 그래서 양치할 때 서로 못 알아보고 흠칫하기도 하지만, 아침에 얼마나 편할까 싶다. 선크림 바르는 것도 귀찮은데 얼굴에 화장품 바르고 지우는 건 얼마나 귀찮을지. 코로나19로 인해 탈화장이 이루어진 것 같다.

에어컨 청소

요새 계장이 에어컨 청소에 꽂혔나 보다. 이번 주는 일하는 날이 짧으니까 에어컨 청소를 하기로 했단다. 그래서 작업자들은 아침에 본인들의 휴식시간을 내어 청소했다. 본인 자리 근처에 에어컨이 있는 사람들만 해당되는 일이다. 이에 나는 청소를 안 해도 되었는데 아침조회 때 반장이 말했다. 계장이 일일이 모든 에어컨 근처 자리를 찍어서 관리자들 단톡방에 올린 후 잘한 반과 못한 반을 나누어서 평가했다고. 우리 반은 잘한 반에 속하고 여러분들의 수고가 많고 등등 하면서 덧붙이는 말이 "시켜서 한다기보다 우리의 건강을 위해 한다고 생각하고 한 번 더 봐줬으면 좋겠습니다. 안전구호 하고 마치겠습니다."

노동 환경과 관련된 일들은 회사가 책임져야지! 왜 우리 휴식시간을 쪼개야 하나! 결국 임금 깎는 거잖아. 그렇게 중요하면 일정으로 넣어야지! 저쪽에서 반장 한 명이 에어컨 확인하고 있다. 조용히 또 청소하고 넘어간다.

열 사람이 한 번씩 말할 수 있다면

'피할 수 없으면 즐겨라.' 아침조회 때 반장이 남긴 명언이다. 특별 유연근로로 들어가기 직전 5월 첫 연휴 때 5일을 쉬었다고 10일 연속으로 일을 시킨다. 이렇게 길게 일할 때는 몸에 무리가 갈 테니 스트레칭을 자주 하란다.

근데 누가 불만을 터뜨렸나 보다. "개인이 회사라는 조직을 절대 못 이긴다."며 마음을 편하게 가지라는 둥 "나도 못 이긴다!"라는 둥 "불평하지 말고 마음을 달리 먹고 열심히 하자" 둥 하는 걸 보니 말이다.

생각보다 사람들은 참 쉽게 작아진다. 무조건 분노가 차서 들고 일어나지 않는 것 같다. 한 사람씩 열 번 말하지 말고 열 사람이 한 번 말하면 더 좋을 텐데.

엄마와 통화하며

오랜만에 엄마랑 통화를 했다. 그동안 시간이 엇갈렸는데 드디어 연결됐다. 내가 투정 아닌 투정을 부렸다. "일을 너무 많이 시킨다!" "이 망할 회사가 일을 너무 많이 시켜요!" 했더니 우리 엄마는 한 치의 흔들림도 없이 "네가 선택해서 가는 길인데 뭐. 묵묵히 가는 거지."라고 하신다. 쪼끔 서운할 정도로 이성적으로 말씀해 주셨다. 엄마한테 투정부린 건데 냉정하리라만큼 정확하게. 우리 엄마는 꽤 깨어 있으시고 동년배 어르신들에 비해 대단히 세련되고 부지런하며 멋진 생각들을 갖고 계신다. 변화하는 그 모습이 존경스럽다. '라때는 말이야~'가 하나도 없으시다. 이해가 안 되는 젊은이들이 있지만 세상이 변해서 그런 것이라며 자신은 기성세대라는 걸 스스로 인정하신다. 정말 멋지다. 우리 엄마지만 이런 어른께 지혜를 배우고 싶다. 나이 들어가는 스스로의 모습을 성찰하고 항상 질문하고 나에게도 물어보신다. 엄마처럼 나이 들었으면 좋겠다고 생각할 때가 많다.

그만 죽었으면 좋겠다

공장2에서 세탁기 부품 사외 협력사 사장이 사망했다. 설비 점검하러 갔다가 변을 당했는데 31세라고 한다. 말만 사장이지 원청에서 시키는 대로 해야 한다는 건 굳이 설명 안 해도 그 사정을 모두 다 안다. 일요일에 사망했는데 월요일에는 말을 안 해주다가 화요일이 되어서 말해줬고, 여전히 이런 소식을 전하는 반장은 웃고 있다.

씨이오 뭐 본부장이 산재에 예민해 산재가 난 사업은 접으라고 했다고 한다. 근데 산재에 예민하지 않은 사람이 누가 있나. 각자의 이해관계에 따라 예민하지. 심지어 정규직이 머리통 깨져서 머리에 피가 철철나고 계약직이 손목이 협착되어서 아작 나고 업체 사람이 다쳐도 그 자리에서 그냥 조치하고 바로 일하는 게 현실인데. 이윤이 많이 나서 떡고물이 많이 떨어지는 사업은 절대 안 접는다. 못 접는다.

노동자 안전부주의, 안전불감증 같은 말을 그만 했으면 좋겠다. 아침에 8시 전에 설비 보다가 다쳤다는데. 부품 수량이 부족하다는 걸 보니 원청이 쪼아댔겠지. 그러니까 주말에도 나와 일한 거겠지. 안전장치가 제거된 곳에 들어간 노동자가 잘못한 거고 그런 게 사고를 불러일으킨다고 했다. 자녀가 없다는 이야기는 굳이 왜 하는지. 안타깝다고 말하는 것도 가식적이다. 이런 사고들을 보면서 2인 1조가 얼마나 중요한지 이해하고 있다. 결국 돈 많은 대기업이 이렇게 자꾸 피하니 현실은 바뀌지 않는 것이겠지. 나, 친구, 가족, 그 누구도 예외가 아니다.

서울에서 몇 년 전 독서 모임을 할 때 《인간의 역사》를 읽다 누군가 그랬다. 인류가 발전해온 역사는 피땀눈물이라고. 기술·과학·정치·사회·문화 모두 그렇게 발전해온 것 같다고. 더 이상은 고대처럼 실험해야만 알 수 있는 시기가 아니다. 그만 죽었으면 좋겠다.

거절할 권리

점심시간이었다. ㄱㅇㅈ 언니가 좀 순둥순둥하고 거절도 잘하는 편이 아니고 일이 주어지면 주어진 대로 일하는 스타일이다 보니 조반장이 재작업 잔업이나 선행작업 특근을 많이 맡겼다. 언니는 군소리 없이 다 해냈고 해내는 만큼 몸이 아팠다. 아이들도 세 명이나 있는데 피곤하고 몸이 고되니까 애들을 봐주지 못한다는 이야기를 내게 했다. 밤 9시 반, 10시 반에 집에 가면 얼마나 힘들까? 20~30대 청년 노동자들도 힘들다고 별별소리를 다 하면서 하는 일을 이 회사에서는 언니한테 시킨 거다. 이미 그 전부터 언니는 너무 힘들어서 못 한다며 안 할 거라고 해놓은 상태였다. 그런데 일이 주어지니 또 언니한테 부탁한 거였다. 아니, 부탁이 아닌 일방적인 통보였다.

언니한테 "이번 주 선행 특근하이소." 하고 일하는 도중에 던져놓고 간 거다. 언니는 최대한 용기를 내서 "나 살림도 못하고 애들도 못 보고 안 돼요. 저번에도 안 한다고 했잖아요. 힘들어서 못 해요 나는." 했다. 그러니 그 반 반장이 "그냥 하면 되지! 내도 힘든데 그냥 해요 쫌."이라고 한 거다. 부탁해도 시원찮을 판에. 언니도 열이 슬슬 받아 "다른 것도 아니고 잔업 특근 빼는 건데 나도 안 할 권리가 있지! 너무 한 거 아니에요!" 했더니 반장이 "그러면 일 그만두고 나가요!"라고 했다는 거다! 저번에도 남편이 자전거 사고가 나서 입원해 잔업 좀 빼달랬더니 '살림이나 하지 와 일하러 왔는데요?'라고 했단다.

그래도 언니는 끝까지 거절했다. "내 말이 맞지 않냐, 생산 특근도 아니고 선행 특근 좀 빼달라고 할 수도 있지. 안 할 권리가 나한테도 있는 거 아니냐!" 내가 맞다고 했다. 거절 잘했다고 했다.

기울어진 운동장에서 수평을 어떻게 찾니?

노동자들이 양보해야 한다고 하던 놈 나와!

정규직들 임금 깎아서 나눠주자고 하던 놈 나와!

노동법 개악해도 노동자가 합의 안 하면 된다 했던 놈도 나와!

노동자가 떼쓴다고 했던 놈도 나와!

귀족 노조 운운하던 놈도 나와!

노동자들이 자본가보다 가진 게 없는데 뭘 양보하니?

정규직들 노동 조건도 추락하는데 뭐라고 지껄이니?

이미 기울어진 운동장에서 수평을 어떻게 찾니?

노동자가 최소한으로라도 살려고 발버둥치는 거 아니?

귀족이 이렇게 땀에 힘에 골병 들어가면서 일하니?

　　대기업인 여기도 이런데 다른 데는 안 봐도 훤하다. 정규직이
라고 대단할 거 없다. 노조 없는 곳에서 일하는 노동자니까 이렇
게 당하고 사는 거다.

답답하고 숨이 턱턱 막힌다

마음이 안 좋다. 뭔가 억울하고, 뭔가 자꾸 내 몸통이 울분에 차는 느낌이다. 속이 상한다. 벅벅 긁힌 생채기가 오랜 시간 핏빛으로 반짝 빛날 것 같다.

모두가 반대하는 내용을, 수십 년 전에 몸소 겪고 명확한 근거와 판단으로 반대하는 내용을 알량한 권력으로 무조건 통과시키려고 하는 무자비한 자들 때문이기도 하고, 수십 년 전에 통과된 내용으로 여전히 살고 있는 이 사회가 힘이 들고 숨이 퍽퍽 막히기 때문이기도 하다. 더 답답한 건 그게 아무렇지도 않은 당연한 현실이 되어 지배하고 있다는 거다. 더 무서운 건 그 걸레 같은 합의안이 통과되어서 또 그게 당연한 세상이 될까 하는 점이다. 왜 상황이 이 지경이 되었는지. 분명 투표를 했을 텐데 저 사람이 왜 뽑혔는지 복잡하다. 나는 조합원도 아니고 한국노총 아래 노조가 있는 기업의 촉탁직이지만, 소성리, 노사정 합의안 등이 나를 너무 울리게만 한다. 현실을 못 본 척하고 싶지 않은데 앞으로 어떻게 해나가야 하나. 그리고 내 생계는 어찌해야 하나 막막해진다.

오늘은 통근버스를 안 타고 정문으로 출근하는데 사람들이 경비실 입구에 오골오골 모여 있었다. 누가 봐도 새로 와서 아직

출입용 카드가 없거나 업체든 계약직이든 새로 면접 보려는 사람들이다. 내가 일하는 곳이 이 지역에서 최악 중 하나로 꼽히는데도 사람들이 이렇게 모이는 건 그만큼 일자리가 절박한 사람들이 많기 때문일 거다. 카드를 찍으러 가는 순간, 자전거 보관소에도 사람이 가득 차 있는 걸 보고 갑자기 눈물이 나왔다. 사서 고생하려는 젊은이들도 아니고 가장이거나 나이가 들어 자기 생계를 책임져야 할 나이 지긋한 사람들이어서다. 시혜를 바라는 것도 아니고 스스로 열심히 일해서 먹고살려는 사람들이 이렇게 많은데 이런 사람들을 힘들게 하는 어떠한 제도도 존재해서는 안 된다.

야간에 일하기 위해 필요한 인원 400명 가량이 꽉 찼고, 이제 주요 공정에 일을 한 달 동안 배우러 온단다. 3개월짜리 주야 맞교대인데도 자리가 다 찼다. 양질의 좋은 일자리가 너무 필요하다. 현실을 좀 둘러 보라. 이런 데도 과정도 결과도 최악인 그 종이를 유효하게 하고 싶은가?

컵라면 유품

산재 사고를 당한 고인들에게 공통적으로 나온 유품이 컵라면이라고 한다. 내가 지금 호로록 먹고 있는 그것. 비 내리는 날에는 이런 짠 국물이 잘 넘어간다. 이제는 컵라면을 보면 그 생각에 눈물이 고이면서도 왜 컵라면일까 싶었다. 제일 만만하기 때문일까.

늘 느끼지만 식사 시간이 너무 부족하다. 식당이 크지도 않고 줄도 오래 서야 하고 다녀오는 데도 많은 시간이 든다. 그런데 물만 부으면 알아서 익어가는 컵라면이 편하고 익는 동안 핸드폰을 할 수 있고 면이니까 밥보다 많이 안 씹어도 잘도 넘어간다. 3분 만에 익고 3분 만에 먹고 휴식시간이 주어지니까 당연히 컵라면을 선택할 수밖에. 삼삼한 음식을 좋아하는 나도 지나가는 컵라면 냄새에 코를 흥흥거리게 되는데. 몸이 너무 힘드니까 자극적인 것이 입에 들어오면 활력이 생긴다.

통근버스, 식당 모두 금지!

바스켓과 홈바를 만드는 그 업체는 진례에 있다고 한다. 정년도 없는 회사란다. 그런데 통근버스를 왜 못 타는지 가타부타 설명이 없이 그냥 갑자기 하루 아침에 타면 안 된다고 했단다.

식당은 이용하시냐고 물었더니, 코로나19로 식당도 이용하지 못 한단다. 그냥 들어가서 먹으면 안 되냐고 했더니 아이디카드에 칩 같은 게 없어서 식권을 내고 먹어야 하는데 갑자기 식당에서 식권 소지자 식사 금지라고 해서 그냥 돌아왔단다. 미리 말도 안 해주고. 돈을 줄 테니 도시락 싸 오라고 해서 강제 도시락행이 됐단다. 계약직 정규직들은 식당 이용 자제, 업체들은 무조건 금지.

7월 7일부터 풀린다는데 밥 잘 드셨길. 사외업체라서 괄시를 많이 받는다는데 그 업체 없으면 냉장고 반쪽이 날라간다. 중요하게 대우 좀 해라!

싸우지 않는 노동자들

어쩌다 보니 계약 시작할 때부터 지금까지 한자 학습지를 하고 있다. 요새는 단계가 자꾸 올라가서 그런지 머릿속에서 한주 동안 공부했던 내용들이 증발하는 것 같다. 내가 똑똑하지 않다는 걸 증명하려는 건 아니고.

사회 용어가 나오는 부분에서는 회사, 파업, 노조경영자 등 단어들을 배운다. 그런데 예시 문장이 웃기다. 뭐 '총파업을 하기 직전에 노사가 평화롭게 합의했다.' 등만 보일 뿐 싸웠다는 예시는 없다. 노동자는 투쟁해야 하는 존재들이고 투쟁하는 만큼 삶이 나아질 수밖에 없다. 그런데 사회 혼란이니, 양보를 해야 하는데 떼쓴다니 같은 이야기를 하니까 그걸 자연스럽게 받아들이는 게 아닌가. 그렇게 스며드는 게 얼마나 무서운 일인데. 학생들에게는 회사와 화합하고 상생해야 한다고 가르칠 거고, 합의하면 성과라고 치장할 거고. 지금 어디선가 벌어지는 이런 일들이 지지받는다면 이런 교육이 한몫한 것일 테다. 곧이곧대로 공부하도록 하는 사회가 이제 진짜 달라져야 하지 않을까. 현실적인 문제들로 채워서!

물밀듯이 밀려오는 계약직

아주 많은 사람이 밀려 들어오고 있다. 한두 주 사이에 우리 반만 105명이 들어왔고 더 들어올 예정이다. 오죽했으면 조장이 나를 부르더니 (기분파라서 그때는 기분이 좋았나 보다) "사람이 너무 많이 들어와서 이름을 못 외우겠다. 보다 보면 외워지겠지?" 하고 갔다.

그런데 전부 다 계약직이다. 야간을 돌리기 위해서, 야간조 편성을 위한 구인. 7월 10일에서 13일부터 8월 23일까지만 계약한 사람들이다. 초단기 계약이라고 할 수 있다. 내 자리에 나랑 맞교대할 친구가 일을 배우러 왔는데 동갑인데 에어컨 공장에서 일하다가 갑자기 일 없다고 나가라고 하는 바람에 해고당했다. 그렇게 1년을 쉬다가 들어왔다고 한다.

정규직으로 시험을 보고 들어가면 되지 않느냐고, 왜 계약직으로 지원하냐고 말하는 사람들이 너무 야속하다. 계약직밖에 자리가 없다. 그마저도 아는 사람이 있어야 알음알음 들어갈 수 있는 데다가 어쩌다 정규직으로 뽑혀도 너무 힘드니까 결국 다 나간다. 실제로 여기도 작년에 열 명 정도 뽑았는데 두 명 남고 다 나갔단다. 현장직에서 여자는 나이와 학력을 엄청 따져서 나는 아예 이력서도 못 낸다. 그뿐인가. '이력서 양식에 추천인과의 관계'

항목도 있으니 알아서 걸러지지 않을까.

노동이 힘겹고, 그래서 사는 게 버겁고 그럼에도 살아가려고 노력하는 수많은 사람에게 그런 시선을 보내지 말아달라고 하고 싶다. 스스로 돌아보면 자신도 노동으로 먹고사는 사람일 가능성이 훨씬 클 테니. 날씨만큼이나 우울한 날이다.

최저시급 결정

최저시급이 130원 올라 9,000원도 안 되는 시급으로 결정되었다. 물가는 최저시급을 인상했다는 핑계로 마구 오르는 중이고. 모든 게 오르는데 내 월급만 안 오르는 세상인 듯하다.

아침에 눈을 뜨니 우울했다. 최저시급 인상이 130원이라서, 그것이 의미하는 이상한 사회에 살고 있는 것 같아서. 한 동지는 가난한 어린 시절에 닭발을 고아 먹었다던데. 또 어떤 동지는 지금은 닭발마저 상품이 되었다고 했다. 슬펐다. 닭발을 엄청 좋아하지만 월급날에 먹는 특별한 음식이 되어버렸다. 작은 사이즈가 우리 동네에서는 만 3,000원인데, 결국 1시간 일해도 못 사 먹는다. 이외에도 손을 벌벌 떨면서 먹어야 하는 음식이 넘쳐난다.

최저시급이 올랐다며 온갖 꼼수를 다 쓰니 어떻게 살라는 거냐. 이론적인 것들이야 나보다 더 전문가고 나보다 더 사회생활 오래한 사람들이 잘 알 거고. 기분이 좋지 않다고 적고 싶을 뿐이다.

가난은 나랏님도 구제 못한다는 말이 있다고 들었다. 가난은 나랏님이 구제해주는 게 아니라 내 가난의 원인이 내가 아닌 사회에 있음을 알고, 사람들하고 뭉쳐서 싸워 제대로 쟁취했을 때 해결된다는 뜻일 게다.

어느새 무뎌진

"라인이 너무 빨라요······."

　옆에 있는 남자애가 곧 울 것 같길래 괜찮냐고 물어보니 저렇게 대답했다. 사실 깜짝 놀랐다. 여기 일이 익숙해졌는지 라인이 빠르다고 생각하지는 않았는데 내가 너무 무뎌진 것 같다.

변화는 없다

추가 잔업 시간의 일이다. 갑자기 사람들이 우다다 뛰어오는 것 같더니만 바퀴 달린 들것에 사람이 실려 있었다! 놀라서 안 놀란 척해야 하는데 잘 안 되었다. 들것 양옆으로 회사 응급실 사람들이 막 달려가고 뒤에 관리자가 심폐소생술하는 것과 운동화를 들고 가고 있었다. 쓰러진 사람을 얼핏 보니 남자였다. 일 마치고 옆에 언니가 누가 '우리 반 사람 쓰러졌다.' 하기에 봤다고. 왜 그런 거냐 물었더니, 일이 시작됐는데도 안 일어나길래 관리자가 깨우러 가서 탁 쳤더니 픽하고 쓰러졌단다. 괜찮을지 모르겠다며 걱정했다.

이튿날, 그 친구의 동창이 옆에서 일하면서 이야기해줬다. 나이는 스물여섯이란다. 다닌 지 이틀인데 마지막 타임 전에 잠깐 쉰다고 기댔는데 눈 떠보니 병원 천장이었다고 한다. 응급실 비용을 계산하고 바로 해고되었다고. 이게 무슨 이야기지? 양아치를 넘어서 쓰레기다! 반장은 그냥 '불미스러운 일이 있었는데 신경 안 써도 될 정도로 별거 아니다.'라고 하면서 웃었다. 그 맞은편에서 일했던 언니가 아직도 그 애 우산이 보이는데 마음이 아프다고. 자식 키우는 입장에서 남 일 같지 않다고 했다. 사람 하나 쓰러져야 변화가 좀 오려나 싶었지만 쓰러져도 오지 않는다.

일 배우고 가르치기

'현장 일이 원래 그런 거야!'라고 하길래 진짜 그런 건 줄 알았다. 교육받고 계약하고 하루 반나절 인수인계를 받고 바로 혼자 투입되었다. 모든 게 처음인데 혼자라 얼마나 긴장했는지 몸에 힘이 빡 들어갔었다. 그러니 일을 시작하고서는 엉망진창이었다. 전체 바코드를 모니터에서 빨리 캐치 못하고 자꾸 라인은 밀리고 혼나고 또 혼나고 맨날 혼나고. 화장실에서 눈물 머금은 빵도 먹어봤다.

　그런데 이제 내가 야간 맞교대 할 친구를 가르쳐야 한다. 정규직 안 시키려고 하루 차이로 계약만료 시키는 것이 관행인 이곳에서는 계약직이 야간조를 교육시킨다. 조금 어이없지만 나는 하도 구박받으면서 배웠으니까 친절하게, 어렵지 않게, 하나씩 다 가르쳐주고 싶었다.

　그런데 일하면서 알려주다 보니 일은 일대로 해야 하고 변수가 나오면 그걸 알려줘야 하고 테이프 떼는 방법이나 청소 구역 등까지도 알려줘야 한다. 반장은 에러가 나면 어떻게 하는지 중심으로 알려주라고 하고 조장은 매칭을 중심으로 알려주라고 하니 혼란스러웠다.

짝지어서 일하는

사람들이 대부분 짝지어서 공정에 붙어 있다. 가르치는 사람, 가르침 받는 사람. 그러니 거의 두 배로 인원이 늘었다. 그런데 화장실, 식당, 통근버스는 그대로다. 일하는 시간과 쉬는 시간도 그대로다. 그래서 전쟁이다. 사람들끼리 빨리 나오라고 하고 줄은 줄대로 엄청 길고 난리다. 나는 물을 점점 안 마시게 되고.

일시적이기는 하지만 이렇게 대책 없이 사람들을 몰아놓으면 어쩌란 건지! 아줌마들이 자꾸 안에 있는 사람들을 타박하길래 안에서도 볼일 보면서 쉬는 건데 싶어서 나도 꿍시렁댔다. "아니, 이모. 화장실 칸이 너무 적지 않아요? 사람은 이렇게 늘어났는데! 쉬는 시간을 더 주든가 칸을 확 늘려 주든가! 고장 난 거 제대로 고쳐주지도 않으면서 왜 우리가 이 고생을 하는지 모르겠어요!" 속이 조금은 시원타. 우리끼리 싸워봐야 헛일이다. 회사가 해결해야 하는 거니까!

갑갑한 현장

여름휴가는 다가오는데 휴가 일자는 다 잘리고, 쓰러져 자고 쉬고 싶을 뿐이다. 게다가 여기는 휴가비도 없다. 다른 곳에서는 차등 지급한다고 항의한다지만 여기는 정규직들도 휴가비가 없다. 정규직 노조는 한국노총이 상급 단체인데, 계약직의 경우 노조 가입 자체가 어려워 몰래 유인물을 뿌릴 수도 없다. 그렇다고 뭘 만들자고 특근 거부니 잔업 거부를 할 수도 없고 조반장한테 덤벼들기에도 쉽지 않으니까 갑갑한 현장인 건 맞다. 이름만 대기업일 뿐이다. 이런 곳이 얼마나 많을까. 작은 영세업체나 대기업이라고 간판이 붙은 곳에서 어떤 일이 일어날지 누가 어떻게 알까.

1년 이상 일할 수 없는 곳

인국공 정규직 전환 문제가 한창 이슈였는데 지금 좀 가라앉은 듯하다. 야간조 언니랑 이어달리기 하듯이 매칭기를 넘겨주고 나는 일을 마무리하는데 언니한테 충격적인 말을 들었다. 말만 공장1, 공장2이지 안에 시스템은 완전 다르다는 것이다. 그런데 거기는 원청과 직접 계약하는 계약직들이 1년 이상 일을 못한다고 한다. 누군가 회사 게시판에 글을 올렸기 때문이란다.

여기는 호봉제라고 칭하는데 입사 1년부터 8년까지 연봉이 똑같다고 한다. 그런데 365+364일 동안 쪼개기 계약하며 일할 수 있는 촉탁직이 입사 8년차와 똑같이 돈을 받아가는 게 맞냐, 퇴직금까지 받으면 돈을 더 받아가는 게 아니냐는 이야기가 회사 게시판에 올라와 공장2에서는 촉탁직들에게 퇴직금을 안 주려고 9~11개월만 일을 시킨다고 한다. 그마저도 물량이 없으면 당연히 나가야 한다.

계약직들은 길어야 2년도 못 채우고 나가는데 고용이 불안한 사람들한테 뭘 그렇게 다 주는 것 같아서 불만이었을까. 결국 그곳은 1년 이상 일하는 계약직이 사라졌다고 한다. 씁쓸하다.

조선족 이모

업체 이모가 오셨는데 조선족 말투를 쓰셨다. R 발음도 '아르'라고 하면서 잘 못 하셨다. 가스켓을 닦으러 오신 것 같던데 첫날에는 업체에서 식권도 안 줘서 사람들이 밥 먹으러 버스 탄다고 뛰어가는데도 가만히 계셔서 내 식권(야간조 친구가 그만두고 나갈때 줬다)을 드렸다. 농담 삼아 "이거 나중에 저 주셔야 해요." 하면서 맛있게 드시라고 했더니 점심시간 이후 관리자랑 와서 나를 가리키더니 식권 하나 주고 관리자가 꾸벅 목례했다. 좀 제때 주지.

이 정도 값어치가 있는 걸까 의심스러운 비싼 냉장고가 리턴되어서 돌아오니까 그 이모가 "어머 어머!" 하시는 거다. 그러더니 나한테 와서 "회사에서 문짝 만들던데 이렇게 완성된 거 처음 봐요." 하면서 아기 같은 미소를 지으시더니 사진을 찍어가셨다. 많이 좋으셨는지 나한테 설명하셨지만 잘 못 알아들었다.

내가 만드는 제품이 어떻게 완성되었는지 모르는 게 현실인 것 같아서 그냥 그랬다.

마지막 쪼개기 계약서 쓰기

마지막 쪼개기 계약을 한다. 보통 2년하고 하루 부족한 날짜로 계약서를 쓰는데 이틀 더 길게 적게 되었다. 계약직들이 워낙 많다 보니 일괄 적어서 제출하게 하는데 전부 10월 19일로 적으라고 해서 그렇게 했다. 혹시나 해서 물어도 봤지만 그냥 그 날짜에 적으란다. 워낙 불법과 편법이 판치고 여러 문제를 술렁술렁 잘 넘기는 능청함을 경험해서인지 이제는 그냥 포기하게 된다. 심지어 계약서 한 장 받은 적이 없다, 이제껏. 그런가 보다 하는 거지 뭐. 화요일인데 벌써 피곤하네. 오늘도 모든 일하는 사람들 화이팅!

주간조와 야간조

주간조와 야간조 간 이간질 좀 그만했으면 좋겠다. 초반에는 한 팀이라고 운운하더니 지금은 조회만 하면 '야간조가 일을 못하겠다고 한다. 주간조가 불량을 많이 내서.', '야간조가 일을 열심히 한다.' 등과 같은 말이 들려온다. 작업자들 사이에서도 야간조는 속도도 느리고 냉장고 모델도 단순한 것만 맡는데 밤에 일한다는 이유로 돈을 백만 원 더 받아가지 않냐고 한다.

나는 비교하면 안 된다고 생각한다. 모델도 다르고 라인 속도도 다르다. 주간은 2,100대가 목표고 야간은 1,200대가 목표인데다가 모델도 주간이 훨씬 복잡하다.

계약직 간에는 이야기가 더 많이 돈다. 내가 '밤 새서 일하는데 돈 좀 더 받아가고 라인 좀 느릴 수 있지 않냐.' 하면 대부분 수긍하다가도 월급 관련해서는 기분이 안 좋은 것 같다. 다들 먹고 살아야 하니 그런 것 같기도 하고. 이에 대해 한번 고민해볼 만한 문장을 던지고 싶은데 생각이 잘 안 난다. 일만 하니 바보가 되어서 그런가!?

점심시간에 일하는, 중식

'중식.' 점심이라는 뜻도 아니고 중화요리라는 뜻도 아니다. 갑자기 점심시간에 일하는 걸 중식이라고 부른다. 나는 예전에 한 번 한 적이 있다. 20분인가 30분 일하고 밥 먹으러 갔다가 점심시간 연장이 안 되어 바로 일했다. 3라인은 이를 밥 먹듯이 한단다.

내가 일하는 1라인 중 도어반도 재고가 많이 쌓여 있는 터라 중식을 밥 먹듯이 한다. 밥 먹는 것보다 더 많이 한다는 말도 있다. 게다가 중식 역시 미리 알려주지 않고, 갑자기 하는 식이다. 점심시간은 똑같이 1시간이니 밥 시간이 줄어든다. 아니 도대체 이런 제도는 누가 만들었는지 모르겠다. 아무도 반발을 안 하니 그것도 신기할 뿐.

그렇게 밥 시간을 옮기니 식당 이모들까지 다 힘들다. 중식, 쉬는 시간을 옮기는 일, 정시에 땡하고 종치는 일, 생산 계획대로 잔업 특근과 탄력근로제 제대로 공유받기(안 하고 싶다). 명세서 기본도 안 지키고. 기본인데 의무화도 안 되어 있다는 일에 여전히 놀란다. 하루하루 별일 없이 지루하게 흘러가는 게 안정적인 것 같다. 늘 다이나믹하고 새로운 일이 펼쳐지니 심장이 남아나질 않는다.

마스크 지급 차별

아니, 무슨 이런 일이. 2주간 마스크를 5개 정도 지급받는다. 그런데 이번에는 받지 못했다. 조회대 위에 올려진 마스크가 감쪽같이 사라진 것이다! 조장도 도대체 어떻게 된 건지 모르겠다며 죄송하다고 이야기했고, 찾을 수 없어서 양해를 부탁드린다고 했다.

마스크를 사서 다시 나눠줘야지 작업자들이 무슨 양해를 해야 하냐고 따지고 싶었다. 안전을 위해서 CCTV를 몇 개 설치해놓고 그게 얼마나 고화질인지 설명하더니만 이럴 때는 왜 활용을 안 하나. 주기 싫어서 그러나. 자꾸 꼬인 생각을 하게 된다. 덕분에 마스크 아껴 쓰고 있다.

병원에 가는 이유?

몸에 염증이 생긴 것 같다. 사실 안 지는 조금 되었는데, 병원 갈 시간도 없고 자연치유가 되려나 싶고, 내 면역력에 기대를 걸기도 했어서 게으르게 대처했다. 점점 '이런 병에도 걸리는구나.' 싶은 일이 잦아진다. 만성이 되면 안 될 텐데. 확인차 병원에 가야겠어서 점심시간에 다녀온다고 조장한테 말하러 갔는데, 대화가 이랬다.

"조장님, 저 오늘 점심 때 병원 좀 다녀올게요."

"(미소 지으면서) 왜? 어디 아프나?"

"(음? 이게 다음 대화 대사인가?) 아프니까 병원에 가죠."

"(여전히 미소) 어디가 아픈데?"

"(뭘 구체적으로 물어봐. 정색해야겠다!) 몸에 염증이 생긴 것 같아서 내과 쪽으로 가보려고요."

"(미소 유지) 그렇나. 그럼 알겠다."

병원에 다른 이유로 가는 사람이 있나. 정말 예상 밖이다.

독서실에서 밥 먹는 기분

저번 주에 오랜만에 식당에 갔다. 도시락을 싸기 귀찮을 때는 이렇게 식당에 간다. 막상 점심 먹으러 나가서 햇빛을 쬐니 기분이 좋았다. 그런데 식당에 딱 들어서니 뭔가 이상했다. 가만히 보니 뭔가 바뀌어 있었다. 코로나19 때문에 식당 이용을 자제해달라고 하면서 하얀색 아크릴판 같은 걸로 칸막이를 세워놓았던 것이다. 다들 독서실에서 밥 먹는 것 같다는 반응이다. 게다가 코로나19 가 2차 유행으로 번지니, 투명 플라스틱판으로 바꿔서 지난주 월요일부터는 칸을 전부 구분해놨다. 투명한 판이라서 그런지 앉아 있는데 이상했다. 마주 보는 사람이 모르는 사람이면 민망하고, 아는 사람이면 대화 없이 입술 모양으로 대화해야 하고. 급한 대화는 얼굴을 판에 올린 후 나눈다.

빨간 줄로 대기선을 그어 놓았는데 사람들은 안 지킨다. 지키라고 강요하는 사람도 없다. 그대로 줄 서면 식당 밖까지 나가야 할 텐데, 누가 더운데 그러겠는가. 형식에 지나지 않은 예방책에 화가 난다.

친척? 신입사원?

계약직들이 한꺼번에 입사한 적이 있었는데, 한동안 잠잠하다가 다시 또 열 명 남짓이 계속 들어오길래 그런가 보다 했다. 반 단톡방에도 신입사원이라며 여덟 명 정도가 들어왔다. 기분이 참 묘했다. 신입사원을 뽑는다고 한 적도 없는데 갑자기 신입사원이라니. 공장2에 있는 친구가 전부 정직원의 자녀나 친척들이라고 말해줬다. 현타가 온단다. 내가 기분이 묘하고 이상한 것도 다 비슷한 이유일 테다. 일을 잘하고 못하고를 떠나서 아무런 기준 없이 내부 관련 있는 사람들로 신입을 뽑고 그게 또 대물림되어 이어지고 또 이어지겠지. 무슨 특권층처럼.

고등학생 때 그런 생각을 한 적 있다. 늘 사람은 나뉘어 있다고. 과거에는 신분으로, 지금은 돈으로. 다른 사회는 꿈꿀 수 없다고. 고등학교 정규 역사 교육 과정을 밟은 평범한 내가 내린 아주 소소한 결론이지만, 무서운 결론이지 않은가. 다행히 여러 경험을 통해 그 생각은 이제 금이 가 있기는 하다.

계약직은 한 달 계약한 후에 두고 본다는데 기준도 없다. 코로나19 때문에 먹고사는 일도 막막한데 박탈감까지 들어서 기분이 안 좋다. 그래도 사탕은 절대 안 먹어야지!

도망갈 용기

일하다가 그만둔 사람들을 비난하지 않았으면 좋겠다. 저임금에 고강도인 일자리가 많다는 건 다들 잘 알 테고, 고된 노동을 버티는 고생은 젊어서도 사서 한다지만 실제로는 그곳에서 일하다 불구가 되거나 죽는 일이 다반사다. 인간적으로 일할 수 있는 곳에서 도망갈 사람 아무도 없다. 도망갔다는 공장의 한 친구는 얼굴은 모르지만 다른 곳에서도 자기가 할 일을 잘 찾을 게다. 용기가 있으니까.

울컥한 순간들

1.아빠!

퇴근버스에서는 지치기도 하고 피곤하기도 해서 눈을 감고 있으려고 노력하는 편이다. 사람들이 타고 내리면 버스가 서니까 눈이 자연스럽게 떠지는데, 한 아저씨가 내리자마자 "아빠!"라는 외침이 들렸다. 한 아이가 그 아저씨와 끌어안고 흡사 이산가족 상봉인 듯 좋아하면서 집으로 가는 걸 봤다. 갑자기 눈물이 났다!

이곳에서 일하는 사람들은 정규직이어도 그 어떤 불안한 고용 노동자들보다 위태롭게 노동하는 사람들이다. 그러니 계약직들은 오죽할까. 이런 곳에서 어떻게 일할 수 있는 걸까 의문이 드는 순간도 많았다. 1년 내내 탄력근로제에 폭언에 고함을 달고 사는 관리자들을 상대해야 하며, 말은 '호봉제'지만 입사 후 1년부터 8년까지는 똑같은 기본급을 받아야 하는 이상한 월급제. 노조라고는 사측의 입장을 대변하는 곳인 데다, '편리함'이라는 말도 안 되는 이유를 들어 노조원원장도 공개로 투표하는 곳.

그럼에도 고된 노동 후 집에 돌아가 가족을 보면 피곤함이 눈 녹듯 사라지니 그 에너지 덕분에 계속 일할 수 있는 게 아닐까. 이곳에서 20년 넘게 일했던 아저씨가 그랬다. 한 곳에서 이렇게 오래 일할 수 있었던 이유가 무엇이었냐 여쭈니, '그냥 하루하루 지나간 거지 별거 없다.' 하신다. 가족에 대한 책임감 때문에 혹사당하는 노동도 이겨내는 사람들을 보면 부모님 생각이 절로 났다. 처음으로 특근에 잔업까지 한 오늘, 아이스크림 하나 사 들고 들어가야겠다.

2. 먹고사는 건 힘든 일

엘큐씨를 하던 분이 야간조로 가는 바람에 한동안 못 만났는데, 어제 오시더니 내게 "니 곧 계약 끝난대매?" 하길래 "네." 했다. 시간이 벌써 그리 되었나, 이제 뭐 할 거냐, 고생 많았다고 이야기하시길래 웃고 말았다. 그러더니 "다음에는 요보다 더 쉬운 데 가서 일해라. 여기는 너무 힘들다. 솔직히." 이러셔서 찡했다. 일 시작하던 초창기에 혼나거나 속상한 일이 생기면 옆에서 위로를 많이 해주었던 분이라 좀 더 울컥했나 보다. "어딜 가나 다 힘들죠 뭐." 이랬더니 "맞다. 어딜 가든 다 힘들다, 뭐." 하신다.

야간조로 가시더니 얼굴이 더 자주 부으시는 것 같다. 눈이 퉁퉁 부은 채로 공정 자리로 가시는데 울컥했다.

임산부는

옆에 친구가 작년에 결혼했다. 결혼하고 1년 조금 안 되어 임신했고 축하도 전했다. 그런데 점심시간이 끝나자 대뜸 음료수를 건네면서 "2년 동안 고생했어. 나 이제 출근 안 해. 이거 마셔." 하는 거다. "음? 육아휴직도 아니고 갑자기 출근을 안 한다고?" 하고 물으니, 출근을 정지당했단다. 자세히 물어볼 수는 없었지만 내막은 이렇다.

코로나19 상황이기에 임신 초기에는 일하면 안 된다는 말을 월요일 출근 후 갑자기 들었다는 것이다. 게다가 일단 이번 주는 쭉 쉬고 있으면, 다음 주 월요일에 다시 연락을 주겠다고 했단다. 그런데 짐을 다 싸서 들어가는 걸 보니, 사실은 그게 또 아닌 듯하다. 안 그래도 이 공장에서는 임신 후 가장 안정을 취해야 하는 초기에 휴직을 불가하게 한다는 소문이 있었다. 그런데 갑자기 코로나19를 핑계 삼아 임신 초기 운운하니 당황스럽다. 잔업이나 특근을 임산부에게 시킬 수 없으니 내린 꼼수겠지.

친구는 "이렇게 갑자기 출근 정지당할 줄은 몰랐어."라고 했다. 정규직은 둘째 치고, 제대로 된 노조가 없는 현장이 더 최악이다. 육아휴직을 쓰고 돌아온 사람들에게는 일부러 힘든 공정을 주어 곧 그만두게 한다는 카더라 통신도 들은 적이 있다. 계약직은 임신하면 사직서를 써야 한다고 오티 때 들은 판국이니, 더 말하면 뭐 하나! 뭘 상상하든 그 이상으로 엉망진창인데. 그래 놓고 저출산 운운하는 사회라니. 그나저나 친구가 건강 잘 챙겨서 건강하게 출산하고 육아하면 좋겠다.

거듭되는 인수인계

계약이 끝나가니 사람들이 내게 와서 마지막 출근이 언제냐고 묻거나 '고생했다' '수고했다' 같은 말을 해주고 간다. 이곳에서 일하는 내내 너무 고되고 힘들었지만, 사람들과 쌓인 정이 있는지라 아쉬운 마음도 크다. 그 와중에 내 후임이 그만뒀다. 그 친구의 경우 토요일에 일을 자주 빼야 하는 상황인데 말도 못하겠고, 말한다고 한들 빼주지도 않을 것 같아 그만둔 듯하다. 그러다 보니 나는 인수인계를 네 번째나 하고 있다. 설명하다 보면 두통이 오고 입이 마른다. 조장이나 임시 조장이 와서 하면 좋겠다!

　임시 조장이 오늘 처음 보는 남자를 데려오더니 이 친구에게 일을 가르치라고 했다. 별거 없다고 하길래 내가 말을 자르고 "별거 많아." 했다. 이 친구는 도어 만지다가 손목을 다쳐서 보호대를 착용한 채 일해야 한단다. 다친 사람에게 새로운 일을 배우라고 한 거다. 설명도 잘 알아듣고 잘할 것 같다. 휴게실에 가서 쉬고 오라는데도, 다 할 수 있다고 한다. 엄청난 적극성. 스물네 살의 패기! 그래 놓고 실수를 하긴 했다. 점심시간이 지났는데 아직 안 보인다. 찾으러 가야겠다.

붕대 감은 20대 노동자

오늘 '일하는 시간', '쉬는 시간', '식사 시간'이 다 바뀌는 대단한 오전을 보냈다. 밥 먹기 전에 누군가 내 옆에 오더니, '이 알코올 써도 돼요?' 하고 물었다. '그렇다' 고 답하고 돌아보니 왼손에 엄지손가락 고정시켜서 팔에 깁스를 하고 있었다. 가만, 다쳤는데 왜 일하러 온 거지?

　"붕대를 감았는데 왜 일하러 왔어요?"

　"일하러 오라 해서요."

　"일하다 다쳤어요?"

　"똑같은 작업을 반복하다가 이렇게 됐어요."

　"어디서 일하는데요?"

　"실링이라고 냉장고를 만들 때 첫 공정이에요. 지금은 이게 안 보여서 그렇지 테두리 안쪽에 다 파이프가 들어가거든요. 그거 문 지르다가 이렇게 됐어요. (내가 테이프 붙이는 걸 보고는) 이것도 다 실링 이에요."

　"아……. 계약직이에요? 정규직이에요?"

　"계약직이에요. 6월 22일에 들어왔어요."

"3개월 만에 손이 그렇게 된 거예요?"

"아 네, 같이 일하는 형도 붕대 감고 있어요. 지난주 금요일에 진단받고 바로 다음 날 특근까지 했는걸요."

"다치니까 관리자가 뭐래요? 쉬라고 안 해요?"

"다쳤다니까 '나올래? 말래?' 이러더라고요. 그래서 그냥 나온다고 했죠. 어차피 쉬운 일 시키겠지 싶어서요. 진단받은 날은 반차 썼어요. 근육 염증이 심하고 힘줄도 좀 끊어졌대요. 인대도 늘어나고."

"헐! 혹시 '말래?'는 그만두라는 의미예요?"

"그건 모르겠어요."

"아직 20대 아니에요? 왜 들어왔어요?"

"스물네 살이에요 열아홉부터 계속 일했어요. 경남 고성에 항공고등학교라고 있는데, 중학생 때 선생님이 강제로 보내서 다녔거든요. 항공 쪽 갔다가 기계 쪽 갔다가 여기로 왔죠."

"와, 부지런하네요. 꾸준히 일하고!"

"항공 쪽 그만두고 6개월 정도 쉬었어요."

"그만큼 일했으면 사람이 좀 쉬기도 해야지 어떻게 계속 일을 한대요?"

"……(웃음)."

"항공에서는 무슨 일을 했어요? 왜 그만뒀어요?"

"비행기의 갈비뼈라고 할 수 있는 부분을 만드는 쪽에서 일했죠. 300명 정도가 함께 일했어요. 2년 몇 개월 더 버티면 정규직

되는 거였는데 관리자들과 안 맞아서 그냥 나왔어요."

일해야 해서 붕대를 안 감으려다 같이 일하는 형이 '당장 붕대 감아!' 하고 전화해 말했단다. 나도 몸을 많이 함부로 쓰지 말라고 했다. 아직 20대라 갈 길이 구만리인데. 계약직도 산재가 가능한데 그 말은 차마 못했다. 제발 일하는 모든 이들이 아프지 않고 죽지 않고 살아가기를 바란다.

영원한 비정규직

오늘부로 계약이 종료되었다. 2년을 채우면 정규직으로 전환해주어야 하는데 그럴 수 없으니 하루를 남기고 퇴사원이 된 것이다. 이제 실업자, 백수, 산업예비군 등의 이름으로 살아갈 날이 이어질 것이다. 계약 만료라는 이름의 해고자인 나는 자유로운 고용 계약이 힘 관계에 의해 얼마나 처참히 무너지는지 알게 됐다. 누군가 내게 '일하는 이야기 듣더니 1960~1970년대 여공' 같다고 했다. 맞다. 올해 전태일 열사 50주기이라고 여기저기서 행사가 열리던데, 정말 시간이 흘러도 달라진 크게 없다. 그래도 더디지만 분명히 앞으로 굴러간다고 믿는다. 나도 다음을 향해 걸어갈 것이다.

　주 60시간씩 일하던 내 몸이 주 60시간씩 쉬는 걸 견딜 수 있을지 모르겠다. 그동안 모쪼록 잘 버텨준 나 자신에게 참 고맙고, 멀리서나마 응원해줬던 가족들에게도 정말 고맙고, 옆에서 항상 있어준 지역 동지들에게도 고맙고, 각자의 사업장에서 그리고 각자의 미래라는 희망을 안고 싸워준 세상의 수많은 동지에게 고마움을 전한다. 내 옆에 있던 수많은 동료에게도. 그들 덕분에 나는 버틸 수 있었다. 오늘로 이 일지는 마무리하지만, 더 나은 모습으로 또 변신해서 잘 걸어가야지! 언제나 활기차게!

안전하고 건강한 삶과 함께하는 일

계약이 끝나고 실업급여를 타서 생활했다. 슬슬 생계비도 걱정되고 노동하지 않는 내 모습을 보면서 이 사회에서 쓸모없는 인간이 된 것 같아 일을 해야 한다는 생각이 강하게 들었다. 구직 사이트를 몇 날 며칠 동안 열심히 뒤졌지만 여전히 코로나19 상황인지라 일자리가 거의 없었다. 공단 일자리도 절반 이상 줄어 있었다. 어떻게든 내 이력으로 비벼봐야 했지만 생각보다 한 것이 없다고 자책하던 차였다.

한 알바 사이트에서 '쿠팡 신선 물류센터 계약직' 모집이라는 문구를 발견했다. 쿠팡은 평소 내가 자주 사용하기도 하고 신선 센터가 뭘지 궁금하기도 했다. 처음 접해보는 일자리여서 겁도 좀 났지만 냅다 지원서를 넣었다. 면접 보라는 연락을 한참 뒤에야 받았다. 그사이에 언제 면접 보냐 연락했더니 기다리라고 퉁명스럽게 대답한 직원의 말에 기가 죽었다. 마치 그 직원의 말 한 마디에 내 고용이 달려 있는 것처럼 느껴졌다. 물류센터의 행정구역 소속이 '면'인지라, 내가 사는 곳에서 편도 택시비가 2만 원 정도 나왔다. 일하기 위한 투자라고 생각하고 값을 지불했다. 합격 통보를 받았고 그렇게 신선 물류센터에의 일이 시작되었다.

공장에서와는 또 다른 노동이었다. 오히려 더 힘들었다. 하루 하루가 너무 길게 느껴졌다. 쉬는 시간도 없고 화장실도 제대로 갖춰져 있지 않았다. 포장하는 공정으로 배정받았는데, 마감 때가 되면 정말 너무 많이 바빴다. 마감 때가 아니더라도 관리자가 와서 왜 이렇게 늦게 포장하냐고 협박 아닌 협박을 하고 갔다. 여기도 3, 6, 9개월로 계약하는 쪼개기 계약 사업장이었다. 별일 없으면 2년 지나서 무기계약직으로 전환해준다고 했다. 그거 믿고 열심히 일했다. 그런데 몸이 하나씩 고장 나기 시작했다. 어깨와 목이 많이 굳어서 도수 치료까지 받았다. 어깨뼈도 통증이 생겨서 갔더니 상태가 좋지 않다고 했다. 추운 곳에서 있다 보니 나도 모르게 입을 꽉 깨물고 일했나 보다. 밥알을 못 씹을 정도로 턱관절에 염증이 생겨서 치료를 받을 수밖에 없었다. 엄지손가락 쪽 통증도 얻었고 엘보에도 염증 주사를 맞았다. 손목은 당연히 늘 시렸다. 무거운 걸 위에서 받다 보니 경추가 좀 휘었다고 했다. 휴게실은 당연히 없고 의자도 없는 곳에서 서서 일하니 무릎도 시큰거렸다. 이게 사람이 할 수 있는 일인가 싶을 정도였다.

도저히 일하기가 쉽지 않겠다는 판단이 들기 시작했다. 이러다가 딱 죽겠다는 생각이 매일매일 머리를 스치고 지나갔다. 현장 일은 원래 힘들다고 생각했지만 이 정도였다니. 생동감 넘치는 현장 일이 좋았을 뿐이었는데. 사람의 한계를 뛰어넘는 체력과 속도와 성과를 요구하는 게 너무 정신적·체력적으로 힘들었다. 그리고 계약을 갱신해야 하고, 2년 뒤에는 무기계약직을 달아야 하니

은근히 옆 사람과 경쟁하듯이 했다. 각 조 사람들 사이에서 일을 잘하네, 못하네 가지고 이런저런 이야기가 나오는 것도 스트레스였다. 결국 몸과 마음이 한꺼번에 다 터져버렸다. 1년 8개월 정도 근무한 이곳을 스스로 관둘 수밖에 없었다.

퇴직하기 위해 방문했더니 몇 장의 종이를 내어주면서 서류 작성을 하라고 했다. 내 신상정보를 확인하는 종이와 퇴사 이유를 나열해서 체크할 수 있는 종이를 넘겨보니 근로자 건강과 관련된 종이도 나왔다. 현재 몸 상태가 괜찮은지 물어보면서 나중에 근로자의 건강에 대해 회사에 문제제기를 하지 못하게 하려고 작성하는 것 같은 느낌을 받았다. 그 당시,실제로 인천센터에서 사람이 한 명 죽은 후였다. 불안정한 고용관계에서는 퇴직도 참 쉬웠다. 종이 몇 장 체크하고 사원증을 넘겨주고 사물함에 있는 방한복과 방한화를 반납한 후 나머지 물건을 챙겨가니 퇴사가 완료되었다고 했다. 허무감이 밀려왔다. 그래도 몸에 흔적이 너무 세게 남아서 지금도 치료를 양·한방으로 받으러 다닌다. 병원비가 들어가는 걸 보면 산재 신청이라도 하고 싶은데 질병성 산재가 얼마나 인정받기 어려운지 아니까 지레짐작 포기하게도 된다.

여전히 나는 안정적인 일을 갈구하고 있다. 최근에 작은 시민단체에서 사무보조업무 제의를 받았다. 다만 이곳도 계속 일할 수 없는 곳이라는 걸 알고 있다. 일하면서 배우고 다음에 할 수 있는 일을 찾아봐야 한다. 언제쯤 안전하고 안정적인 곳에서 일할 수 있을까. 먹고살기 위해서 한발 나서는 길에 죽음의 기운이 도

사리고 있으니 출근하는 길이 얼마나 끔찍한가. 노동하면서 부모님 생각도 많이 했다. 이 모든 것을 감수하고 헌신적으로 우리를 키워내신 부모님께 죄송하고 감사할 따름이다.

각자의 노동이 얼마나 소중한지 알고 있다. 건강하고 안전하게 일하면서 정당한 대가를 받는 사회가 얼마나 멀리 있는지 노동을 하면서, 내 생계를 해결하면서 알게 되었다. '사회생활이 원래 그래!' 하는 사람을 향해 그렇다면 사회가 잘못된 것이니 바꿔야 하지 않겠냐며 당당하게 말할 수 있을 것 같다. 우리 모두의 노동은 다를 것 없이 모두 소중하다고, 사회를 받치고 있는 대단한 것이라고, 그러니 우리 함께 손잡고 나가보자고 말할 수 있을 것 같다. 세상의 모든 노동자들이 죽지 않고, 차별받지 않고, 안전하게, 건강하게 자신의 삶을 영위할 수 있기를 진심으로 온 마음을 다해 바란다.